어도비 강의 유튜버 **도비마스터**의

SNS

광고 영상을 위한
프리미어 프로

기획부터 편집까지

도비마스터(조수진)

YoungJin.com **Y.**
영진닷컴

어도비 강의 유튜버 도비마스터의

SNS 광고 영상을 위한 프리미어 프로

기획부터 편집까지

ISBN 978-89-314-6330-9

독자님의 의견을 받습니다

이 책을 구입한 독자님은 영진닷컴의 가장 중요한 비평가이자 조언가입니다. 저희 책의 장점과 문제점이 무엇인지, 어떤 책이 출판되기를 바라는지, 책을 더욱 알차게 꾸밀 수 있는 아이디어가 있으면 팩스나 이메일, 또는 우편으로 연락주시기 바랍니다. 의견을 주실 때에는 책 제목 및 독자님의 성함과 연락처(전화번호나 이메일)를 꼭 남겨 주시기 바랍니다. 독자님의 의견에 대해 바로 답변을 드리고, 또 독자님의 의견을 다음 책에 충분히 반영하도록 늘 노력하겠습니다.

파본이나 잘못된 도서는 구입처에서 교환 및 환불해드립니다.

이메일 : support@youngjin.com

주 소 : (우)08507 서울특별시 금천구 가산디지털1로 128 STX-V타워 4층 401호 (주) 영진닷컴 기획1팀

등 록 : 2007. 4. 27. 제16-4189호

STAFF

저자 조수진 | **총괄** 김태경 | **기획** 심통, 차바울 | **표지디자인** 임정원 | **내지디자인·편집** 김효정
영업 박준용, 임용수, 김도현 | **마케팅** 이승희, 김근주, 조민영, 김도연, 김민지, 채승희, 임해나, 이다은
제작 황장협 | **인쇄** 예림인쇄

작가의 말

🍸 도비마스터 **조수진**

유튜브/네이버TV 크리에이터
현) 나혼자살림 디자인팀 팀장
전) ㈜씨앤씨모바일 웹디자이너
스트리밍 콘텐츠 개발 과정 강의
상세페이지 기획 원데이 클래스 강의
상세페이지 포토샵 실습 강의

안녕하세요! 크리에이터 도비마스터입니다. 제가 처음 프리미어 프로를 사용하게 된 때가 생각이 납니다. 쇼핑몰 디자이너로 근무하며 SNS 광고 영상을 제작해야 하는 상황이 발생하면서였습니다. 영상 기획과 편집을 해야 하는 상황에서 가르침을 줄 사수 없이 독학해야 했기 때문에 '내가 과연 잘할 수 있을까?'라는 걱정이 컸습니다. 그렇다고 걱정만 하고 있을 순 없었기에 유튜브와 프리미어 프로 책들과 다양한 온/오프라인 강의로 하나씩 배워나갔습니다. 현재는 영상 기획/촬영/편집을 도맡아서 신행하며 이선보나 실력이 많이 향상됐음을 느낍니다.

처음 영상 콘텐츠를 다루기 시작하실 때 '두렵다/어렵다'라고 느끼시는 건 당연한 일입니다. 모든 일이 시작하기 전까지는 고민이 많지만, 막상 하나씩 헤쳐나가다 보면 어느 순간 두려움보다는 직접 제작한 영상 결과물을 보며 뿌듯함을 느끼실 겁니다.

고민하는 순간에 이 책을 짚으셨다면, 정말 잘하셨습니다. 몇 년이라는 시간을 독학하며 다양한 현장을 겪고, 편집을 진행하며 터득한 저만의 팁들이 저와 같은 고민을 하시는 분들께 큰 도움이 될 것이라고 생각합니다. 단순히 영상 편집을 배우는 것만 아니라, 영상 콘텐츠가 왜 중요한지와 어떻게 메시지를 효과적으로 전달할 수 있는지를 배우며 기획부터 업로드까지 꼼꼼히 알려드리기 때문입니다.

이 책이 나오기까지 도움을 주신 영진닷컴 출판 관계자분들, 영상 독학에 도움을 주신 모든 영상 크리에이터 및 강사님들, 그리고 사랑하는 우리 가족에게 감사의 말을 전합니다. 무엇보다 제가 좋은 책을 낼 수 있도록 해주신 우리 '도비마스터' 채널 구독자 여러분께 큰 감사를 드리며 사랑한다는 말씀을 전합니다.

안내사항
1. 따라하기용 파일과 따라하기를 완성한 프로젝트 파일을 제공합니다.
영진닷컴 홈페이지의 '부록 CD 다운로드' 서비스 메뉴에서 다운로드 하실 수 있습니다.
http://www.youngjin.com/reader/pds/pds.asp

2. 프로젝트에 사용되는 폰트는 누구나 다운로드하여 사용할 수 있는 공개 폰트입니다.
45/192페이지의 다운로드/설치 방법을 참고해주세요.
3. 디자인에 활용할 소스 모음도 제공하므로 다양하게 활용해보세요!

이 책의 학습 내용

1 SNS 광고 영상에도 기획서가 필요합니다.

무턱대고 만든 영상은 소비자에게 영상의 의도를 제대로 전하지 못할 수 있습니다. 기획서를 만들어 영상의 의도를 명확히 하면 한층 더 효율적으로 SNS 광고 영상을 만들 수 있습니다. 그 방법을 소개합니다.

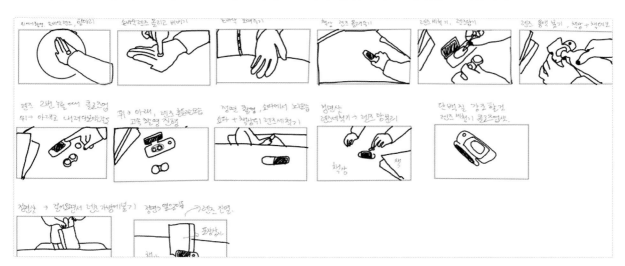

▲ 기획서의 일부인 스토리보드

2 편집을 하려면 영상이 필요하겠죠? 촬영을 해야 합니다.

초보자라도 몇 가지만 숙지하면 고퀄리티 촬영이 가능합니다. 필요한 장비와 기본적인 지식(해상도/프레임/포커스), 카메라 샷과 앵글, 촬영 기법을 알아봅니다.

▲ 픽셀이 무엇일까요?

▲ 안정적인 분위기를 담기 좋은 수평 앵글

3 프리미어 프로도 기본기부터 익혀야 합니다.

영상에서 필요한 부분만 남기는 컷 편집, 영상의 속도 조절, 영상의 확대 및 축소는 언제나 활용하기 좋은 기본기
입니다. 컷 편집이 어떤 것인지 확인해볼까요?

컷 편집 원본

컷 편집 완성본

4 SNS 광고 영상 편집에 자주 사용하는 효과들을 배워봅시다

화면이 전환하는 트랜지션 효과와 정보를 전달하기 좋은 자막 외에도 음악, 화면 분할, 모자이크 등 다양한 효과들
을 도비마스터가 아주 쉽게 설명해드립니다!

사용 전/후
비교 영상 만들기

통통 튀는
자막 만들기

손글씨
자막 만들기

인스타그램
좋아요 효과 만들기

프리미어 프로 단축키

파일(File) 메뉴 단축키

단축키 이름	윈도우 단축키	맥북 단축키
프로젝트 생성하기	Ctrl + Alt + N	option + command + N
시퀀스 생성하기	Ctrl + N	command + N
프로젝트 열기	Ctrl + O	command + O
프로젝트 닫기	Ctrl + Shift + W	command + Shift + W
닫기	Ctrl + W	command + Shift + W
저장	Ctrl + S	command + S
다른 이름으로 저장	Ctrl + Shift + S	Shift + command + S
미디어 내보내기	Ctrl + M	command + M
종료	Ctrl + Q	command + Q

편집 단축키

단축키 이름	윈도우 단축키	맥북 단축키
실행 취소	Ctrl + Z	command + Z
다시 실행	Ctrl + Shift + Z	command + X
컷	Ctrl + X	command + O
복사	Ctrl + C	command + C
붙여넣기	Ctrl + V	command + V
지우기	Delete	Forward Delete
잔물결 삭제	Shift + Delete	Shift + Forward Delete
모두 선택	Ctrl + A	command + A
키보드 단축키	Ctrl + Alt + K	command + option + K

클립 단축키

단축키 이름	윈도우 단축키	맥북 단축키
오디오 채널	Shift + G	Shift + G
오디오 게인	G	G
컷	Ctrl + X	command + X
속도/지속 시간	Ctrl + R	command + R
삽입	,	,
덮어쓰기	.	.

시퀀스 단축키

단축키 이름	윈도우 단축키	맥북 단축키
작업 영역의 효과 렌더링	Enter	Enter
프레임 일치	F	F
편집 추가	Ctrl + K	command + K
모든 트랙에 편집 추가	Ctrl + Shift + K	Shift + command + K
비디오 전환 적용	Ctrl + D	command + D
오디오 전환 적용	Ctrl + Shift + D	Shift + command + D
확대	+=	+=
축소	-_	-_
타임라인에서 스냅	S	S

*이 책에서는 윈도우 단축키로 설명합니다. 맥북 이용자께서는 Ctrl은 command, Alt는 option으로 대체하여 이용하시면 됩니다. 단축키가 다른 경우에는 따로 언급하고 있습니다.

마커 단축키

단축키 이름	윈도우 단축키	맥북 단축키
시작 표시	I	I
종료 표시	O	O
클립 표시	X	X
선택 항목 표시	/	/
시작 지점으로 이동	Shift+I	Shift+I
종료 지점으로 이동	Shift+O	Shift+O
시작 지우기	Ctrl+Shift+I	option+I
종료 지우기	Ctrl+Shift+O	option+O
시작 및 종료 지우기	Ctrl+Shift+X	option+X
마커 추가	M	M
다음 마커로 이동	Shift+M	Shift+M
이전 마커로 이동	Ctrl+Shift+M	Shift+command+M
선택한 마커 지우기	Ctrl+Alt+M	option+M
모든 마커 지우기	Ctrl+Alt+Shift+M	option+command+M

그래픽 단축키

단축키 이름	윈도우 단축키	맥북 단축키
텍스트	Ctrl+T	command+T
사각형	Ctrl+Alt+R	option+command+R
타원	Ctrl+Alt+E	option+command+E
가운데 정렬	Ctrl+Shift+C	command+Shift+C
왼쪽 정렬	Ctrl+Shift+L	command+Shift+L
오른쪽 정렬	Ctrl+Shift+R	command+Shift+R
다음 레이어 선택	Ctrl+Alt+']	command+option+']
이전 레이어 선택	Ctrl+Alt+'[	command+option+'[

창함수 단축키

단축키 이름	윈도우 단축키	맥북 단축키
저장된 레이아웃으로 재설정	Alt+Shift+0	option+Shift+0
오디오 클립 믹서	Shift+9	Shift+9
미디어 브라우저	Shift+8	Shift+8
효과	Shift+7	Shift+7
오디오 트랙 믹서	Shift+6	Shift+6
효과 컨트롤	Shift+4	Shift+4
프로그램 모니터	Shift+5	Shift+5
타임라인	Shift+3	Shift+3
소스 모니터	Shift+2	Shift+2
프로젝트	Shift+1	Shift+1

도구 단축키

단축키 이름	윈도우 단축키	맥북 단축키
선택 도구	V	V
트랙 선택 도구	A	A
잔물결 편집 도구	B	B
롤링 편집 도구	N	N
속도 조정 도구	R	R
자르기 도구	C	C
밀어넣기 도구	Y	Y
밀기 도구	U	U
펜 도구	P	P
손 도구	H	H
확대/축소 도구	Z	Z

: 목차 :

PART 3 프리미어 프로의 설치 및 기본 기능 살펴보기

CHAPTER 1 프리미어 프로 설치하기

CHAPTER 2 프로젝트와 시퀀스

CHAPTER 3 프리미어 프로 소스 관리 방법

CHAPTER 4 프리미어 프로의 화면 구성과 나만의 작업 화면 만들기

PART 4 프리미어 프로 기본기 익히기

CHAPTER 1 핵심적인 영상만 남기는 컷 편집

PART 6 SNS 광고 직접 올려보자

PART

1

SNS 광고 영상 제작을 위한 사전준비

CHAPTER **1**

요즘 대세는 SNS 광고!
왜 SNS를 이용할까?

광고계 대세는 SNS라고 할 정도로 많은 기업이
다양한 SNS 플랫폼을 통해 브랜드와 제품을 홍보합니다.
디지털 환경 시대에 접어들며 소비의 주체와 트렌드가 변화한 탓입니다.
변화하는 소비자의 특성과 변화하고 있는 콘텐츠 트렌드에 대해서 알아보겠습니다.

MZ세대로
소비자가 변하고 있다?

상품을 구매하고 유행을 선도하는 주체가 MZ세대로 변화해 가면서 SNS를 통해 제품을 홍보하는 기업들이 많아졌습니다. 디지털 환경에 익숙한 MZ세대가 온라인으로 제품을 구매하기 때문입니다. 변화해가는 소비 트렌드와 MZ세대의 특성에 대해 알아보겠습니다.

MZ세대는 1980년대부터 2000년대 초에 출생한 '밀레니얼 세대'와 1990년대 중반부터 2000년대 초에 출생한 'Z세대'를 통틀어 일컫는 말입니다. 기성세대와는 달리 스마트기기를 활용한 소통, 정보 습득에 능하며 취미 생활도 디지털로 즐기는 등, 디지털친화적이라는 특징이 있습니다. 구매활동마저도 SNS를 포함한 온라인 상에서 행하는 경우가 많은 세대입니다.

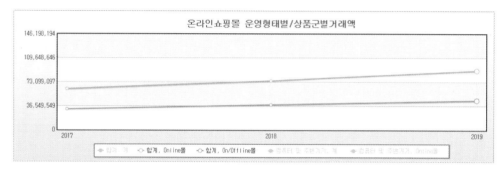

▲ 출처: 통계청 온라인쇼핑몰 운영형태별/상품군별거래액

실제 통계청 온라인 쇼핑몰 운영형태별/상품군별거래액의 통계를 살펴보면 2017년 오프라인 거래액은 36,549,549원, 온라인 거래액은 73,099,097원입니다. 2019년도에는 오프라인 거래액이 44,726,654이고, 온라인 거래액은 90,537,393으로 총 거래액의 변화는 2017년과 크게 차이가 없지만 온라인 거래액이 크게 증가했다는 것을 확인할 수 있습니다.

MZ세대는 특히나 '자신에게' 가치가 있다고 생각하는 제품을 구매하길 선호합니다. 따라서 제품을 구매하기 전 다양한 SNS 플랫폼을 활용해 제품의 정보나 후기 등을 찾아보고 합리적으로 구매하고자 하는 소비 성향이 나타납니다.

이렇게 소비의 주체가 변화한 만큼, 변화하는 소비자의 특성에 맞게 MZ세대와 소통할 수 있는 SNS 플랫폼 환경에 적합한 디지털 콘텐츠 광고가 주목받기 시작한 겁니다.

디지털 환경과 영상에 익숙한
MZ세대의 오감을 충족시키자!

오프라인과는 달리 디지털 환경에서는 제품이 배송될 때까지 눈으로 확인할 수 없습니다. 따라서 직접 보지 않고서도 구매까지 이르도록, 오감을 자극해 제품의 정보를 전달하는 콘텐츠를 만들어야합니다.

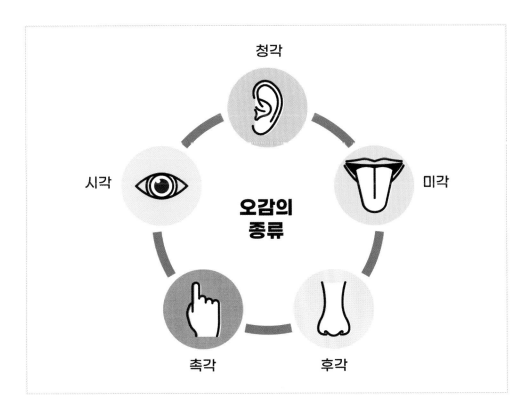

온라인으로 소비하는 비중이 큰 MZ세대를 겨냥하여 광고를 진행할 때는 제품을 직접 보지 못한다는 한계를 소비자의 오감을 충족시키는 것으로 해결해야 합니다. 사람은 오감으로 정보를 습득하므로 구매 욕구를 불러일으킬 수 있기 때문입니다.

향수를 홍보한다고 가정해보겠습니다. 향에 대한 설명을 텍스트로 전하는 것보다 향을 연상할 수 있는 이미지나 소리, 텍스트가 어우러진 영상 콘텐츠가 다각적으로 향에 대해 상상하게 되고 추측하게 됩니다. 이렇게 감각을 자극하면 소비자들의 기억 속에 제품을 각인시키는 데 효과적입니다.

3

지루한 콘텐츠는 이제 그만, 영상으로 홍보하자!

SNS 플랫폼에서 유저들이 선호하는 콘텐츠의 방식도 변화하고 있습니다. 이전에는 이미지 + 텍스트 콘텐츠가 선호되었는데, 현재는 움직임이 있는 영상 콘텐츠가 유저간 공유/선호도가 높은 것으로 나타났습니다.

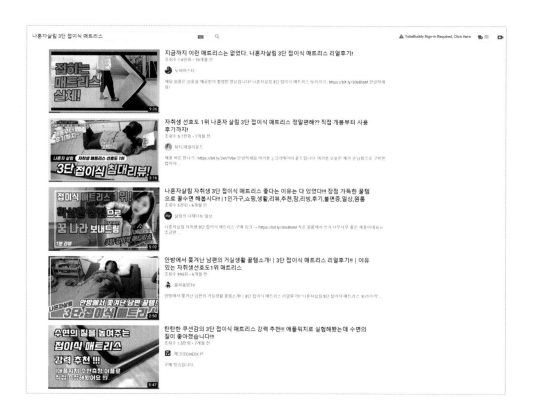

❶ MZ세대는 찾고 싶은 정보를 유튜브에서 얻고, 채널을 만들어 소통하는 방식을 선택하고 있습니다.

❷ 많은 기업이 유튜브를 활용한 마케팅을 진행하고 있습니다. 유명 크리에이터가 영상에서 사용한 제품을 해당 채널을 좋아하는 시청자들이 따라서 구입하는 사례가 빈번하게 발생하고 있습니다.

❸ 출퇴근 이용시간 등에 작은 화면의 스마트폰으로 콘텐츠를 접하기 때문에 집중력이 현저히 감소합니다. 따라서 텍스트와 이미지로 이루어진 콘텐츠보다 한 눈에 직관적으로 내용을 알 수 있고, 핵심적인 내용만 담긴 짧은 영상 콘텐츠를 선호합니다.

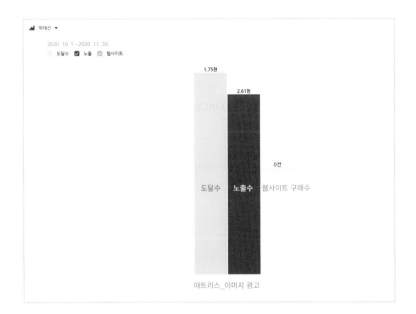

실제로 '나혼자살림'에서 판매하는 매트리스 홍보 콘텐츠 영상을 제작한 결과를 분석해보면, 텍스트와 이미지로 이루어진 콘텐츠의 경우 도달 수와 노출 수는 각각 1,75천 명/2.61천 명 웹사이트 구매는 0명인 것을 확인할 수 있습니다.

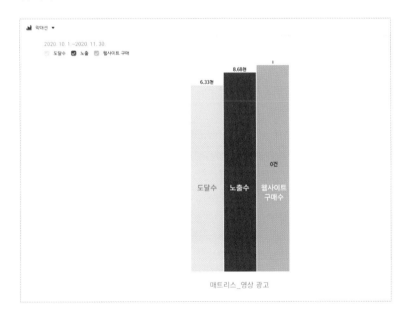

하지만, 같은 제품을 영상 콘텐츠로 제작한 결과 도달 수는 6,33천 명, 노출 수는 8.68천 명, 웹사이트 구매 수는 1명으로 집계됐습니다.

이렇게 같은 내용의 제품 광고라도 텍스트와 이미지로만 이루어진 콘텐츠보다 움직임이 있고 정보를 직관적으로 전달해주는 영상 콘텐츠가 도달 수, 노출 수, 웹사이트 구매 수가 높았으며 광고 효율이 좋은 것을 확인할 수 있습니다.

과거에는 텍스트와 이미지 방식의 콘텐츠가 활발하게 소비되어 왔다면, 이제는 변화하는 세대와 콘텐츠 트렌드에 맞게 제품을 직관적으로 전달할 수 있는 영상 콘텐츠를 통한 광고 방식이 필요합니다.

CHAPTER **2**

채널별 광고 영상의 특징과
제작 가이드

광고 영상을 제작할 때 우선 고려할 것은 플랫폼과 해당 플랫폼의
어느 지면에 업로드할 것인지를 결정하는 겁니다.
플랫폼마다 영상이 노출되는 다양한 지면이 있고, 저마다 특징이 다르기 때문에
그에 맞게 기획하고 제작해야 광고의 효율이 좋아집니다.

SNS 중 가장 빠른
확산성을 지닌 페이스북!

페이스북은 유저들끼리 친구를 맺은 뒤 소통하는 방식입니다. 주로 지인들과 소통하기 위해서 이용하는 분들이 많습니다. 다른 SNS 플랫폼과 차별화되는 부분이 있다면, 선호하는 게시물에 '좋아요'를 누르거나 자신의 피드에 게시글을 공유하면, 친구나 연관성 있는 유저들의 뉴스피드에도 등장한다는 것입니다. 간단히 말하면 자신의 활동내역이 페이스북을 이용하는 유저들에게 공개가 되는 것입니다. 이런 특성으로 인해 다른 SNS 플랫폼보다 빠른 확산성을 가지고 있습니다.

1 피드 영상 제작 가이드

페이스북 계정에 로그인하면 나타나는 [무슨 생각을 하세요?]라는 문구를 클릭하여 자유롭게 원하는 내용, 이미지, 영상 등 콘텐츠를 업로드하면 페이스북 피드에 게시글이 나타납니다.

❶ 동영상 비율 : 4:5 권장(9:16 또는 16:9 비율도 가능하지만, 4:5 비율로 가려질 수 있습니다.)

❷ 권장 해상도 : 1080x1080 픽셀 이상(동영상 제작 비율에 준수하는 해상도로 설정할 것)

❸ 동영상 길이 : 최소 1초 ~ 최대 241분

❹ 동영상 소리 : 선택 사항이지만, 영상에 소리를 포함시켜 업로드 하는 것을 권장

❺ 동영상 파일 유형 : H.264, MP4, MOV, 3G2, 3GP, 3GPP, ASF, AVI, DAT, DIVX, DV, F4V, FLV, GIF, M2TS, M4V, MKV, MOD, MPE, MPEG, MPEG4, MPG, MTS, NSV, OGM, OGV, QT, TOD, TS, VOB, WMV 대부분의 영상 파일 유형을 업로드 할 수 있음. 제일 많이 사용하는 유형은 H.264, MP4, MOV, GIF.

❻ 동영상 파일 크기 : 최대 4GB

❼ 업로드 시 내용 : 영상 기본 문구 125자, 제목은 40자, 설명은 30자 권장

2 인스트림 영상 제작 가이드

인스트림 동영상은 콘텐츠를 보고 있는 상황에서 종종 짧은 길이의 영상 광고가 등장하는 것을 말합니다.

❶ 동영상 비율 : 16:9 또는 1:1 비율 권장

❷ 권장 해상도 : 1080x1080 픽셀 이상(동영상 제작 비율에 준수하는 해상도로 설정할 것)

❸ 동영상 길이 : 최소 5초 ~ 최대 10분, 인스트림 노출 위치에서는 영상의 길이가 15초 이하인 동영상이 재생되며, 15초를 넘어가는 영상의 경우 시청자가 [계속 보기]를 눌러야만 동영상을 끝까지 볼 수 있습니다.

❹ 동영상 소리 : 선택 사항이지만, 영상에 소리를 포함시켜 업로드 하는 것을 권장

❺ 동영상 파일 유형 : H.264, MP4, MOV, 3G2, 3GP, 3GPP, ASF, AVI, DAT, DIVX, DV, F4V, FLV, GIF, M2TS, M4V, MKV, MOD, MPE, MPEG, MPEG4, MPG, MTS, NSV, OGM, OGV, QT, TOD, TS, VOB, WMV 대부분의 영상 파일 유형들은 업로드 할 수 있음. 제일 많이 사용하는 유형은 H.264, MP4, MOV, GIF.

❻ 동영상 파일 크기 : 최대 4GB

❼ 업로드 시 내용 : 영상 기본 문구 125자, 제목은 40자, 설명은 20자 권장

3 스토리 영상 제작 가이드

스토리 기능은 2017년에 업데이트 된 것으로 자신의 스토리에 사진 또는 동영상 게시물을 업로드하는 기능입니다. 장점은 업로드 후 24시간 동안 스토리에 등록한 사진과 동영상이 공개 범위에 따라 페이스북을 사용하는 이용자 또는 친구 관계 유저들의 피드에 표시가 됐다가, 24시간이 지나면 사라지는 휘발성 콘텐츠라는 것입니다.

❶ 동영상 비율 : 9:16 비율 권장, 페이스북 스토리는 세로형 콘텐츠이기 때문에 업로드 할 영상 콘텐츠도 세로형의 영상 비율로 제작하는 것이 좋습니다

❷ 권장 해상도 : 1080x1080 픽셀 이상(동영상 제작 비율에 준수하는 해상도로 설정할 것), 페이스북 스토리는 상단의 프로필, 하단에 해동 유도 버튼으로 영상이 가려 질 수 있기 때문에 상단과 하단 각각 14%(250px) 정도는 여유를 두고 제작하는 것이 좋습니다.

❸ 동영상 길이 : 1초 ~ 2분(플레이어블 광고는 15초로 제한)

❹ 동영상 소리 : 선택사항

❺ 동영상 파일 유형 : H.264, MP4, MOV, 3G2, 3GP, 3GPP, ASF, AVI, DAT, DIVX, DV, F4V, FLV, GIF, M2TS, M4V, MKV, MOD, MPE, MPEG, MPEG4, MPG, MTS, NSV, OGM, OGV, QT, TOD, TS, VOB, WMV 대부분의 영상 파일 유형들은 업로드 할 수 있음. 제일 많이 사용하는 유형은 H.264, MP4, MOV, GIF.

❻ 동영상 파일 크기 : 최대 4GB

❼ 업로드 시 내용 : 영상 기본 문구 125자, 제목은 40자 권장

관심사와 관계 형성의 중심, 인스타그램!

인스타그램의 두드러진 특징은 유저간 소통입니다. 팔로잉과 팔로워 시스템 기반으로 관계를 맺으며 활발한 소통이 이루어집니다. 그렇다면 페이스북과 인스타그램의 큰 차이점은 무엇일까요? 페이스북에서는 나와 직접적인 연관성이 없는 다른 유저들의 활동 내역 (게시글 공유, 좋아요, 댓글 등)도 확인할 수 있다는 것입니다. 반면에 인스타그램 피드에는 팔로워, 팔로잉 관계의 직접적으로 연관성이 있는 유저들의 게시글 위주로 피드에 노출되며 자신과 연관성이 없는 유저들의 활동 내역은 확인할 수 없습니다.

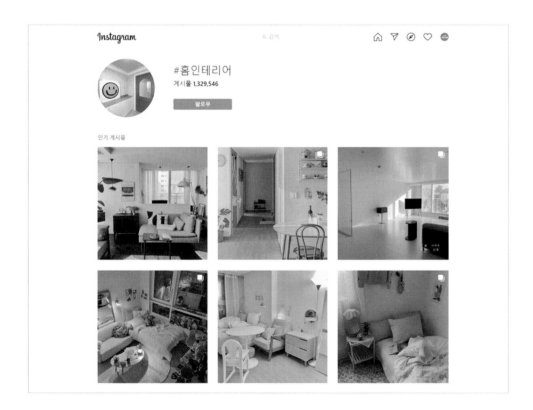

인스타그램에서도 돋보기 검색 버튼을 누르면 직접적으로 관계를 맺지 않는 유저들의 피드를 볼 수 있습니다. 또한, 인스타그램은 해시태그 기반의 검색 기능을 제공하여 원하는 콘텐츠 정보를 얻기 용이합니다.

인스타그램도 광고 영상을 업로드 하는 지면의 위치 및 유형에 따라서 제작 방법이 달라집니다. 대표적으로 많이 사용하는 지면을 기준으로 하여 광고 영상 가이드를 살펴보겠습니다.

1 피드 영상 제작 가이드

인스타그램 피드는 직접적으로 팔로잉과 팔로워 관계를 맺은 사람들의 게시물을 볼 수 있는 공간을 말합니다. 유저들이 가장 많이 모는 인스타그램의 메인 넝억입니다.

홈 피드 지면에 광고를 진행하면, 지정한 타깃에 맞는 유저들의 피드에 나타나며 하단에 [더 알아보기]를 클릭하여 제품 사이트로 이동할 수 있습니다.

❶ 동영상 비율 : 1.91:1, 16:9, 1:1, 4:5, 광고 영상 제작 시 1:1, 4:5 비율이 일반적이지만, 4:5 비율이 영상 콘텐츠에 더욱 적합합니다.

❷ 권장 해상도 : 동영상 제작 비율에 준수하는 해상도로 설정할 것

❸ 동영상 길이 : 최소 1초 ~ 최대 120초

❹ 동영상 소리 : 선택 사항

❺ 동영상 파일 유형 : H.264, MP4, MOV, 3G2, 3GP, 3GPP, ASF, AVI, DAT, DIVX, DV, F4V, FLV, GIF, M2TS, M4V, MKV, MOD, MPE, MPEG, MPEG4, MPG, MTS, NSV, OGM, OGV, QT, TOD, TS, VOB, WMV 대부분의 영상 파일 유형들은 업로드 할 수 있음. 제일 많이 사용하는 유형은 H.264.

❻ 동영상 파일 크기 : 최대 30MB

❼ 피드 분구 : 최대 2,200자

2 스토리 영상 제작 가이드

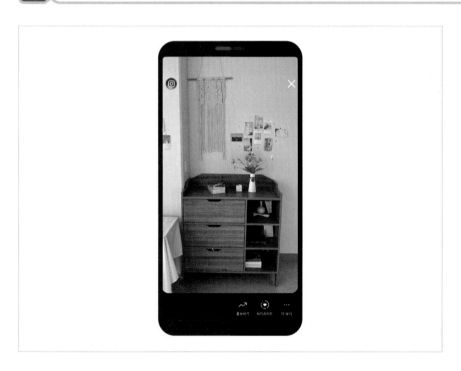

인스타그램 스토리는 페이스북보다 이른 2016년에 출시되었습니다. 기능은 동일하며 스토리에 콘텐츠를 업로드 하면, 자신의 프로필에 그라데이션 표시가 생깁니다. 직접적인 관계를 맺고 있는 유저의 프로필이 피드 상단에 표시되며, 스토리를 확인하면 그라데이션 표시가 사라집니다. 업로드 기준으로 24시간이 지나면 자동적으로 지워지는 휘발성 콘텐츠입니다.

❶ 동영상 비율 : 1.91:1, 16:9, 1:1, 4:5, 9:16, 인스타그램은 세로형 콘텐츠로 9:16 비율 권장

❷ 권장 해상도 : 최소 600x1067, 최대 1080x1920

❸ 동영상 길이 : 최소 1초 ~ 최대 120초

❹ 동영상 소리 : 선택 사항

❺ 동영상 파일 유형 : H.264, MP4

❻ 동영상 파일 크기 : 최대 30MB

3 IGTV 영상 제작 가이드

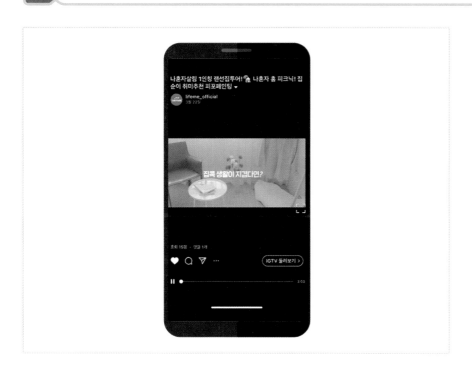

인스타그램 특성상 긴 영상은 업로드 되지 않습니다. 120초가 넘어가는 영상 콘텐츠는 IGTV로 업로드 해야 합니다. IGTV는 최대 60분까지 업로드 가능합니다. 인스타그램 IGTV는 인스타그램 유저들이 스마트폰을 쥔 기본적인 방향을 고려하여 세로 방향의 전체 화면으로 동영상을 감상하도록 만들어진 서비스입니다.

❶ 동영상 제작 비율 : 16:9, 9:16, 세로 방향의 화면으로 9:16 비율 권장

❷ 권장 해상도 : 동영상 제작 비율에 준수하는 해상도로 설정할 것

❸ 동영상 길이 : 최소 1분 ~ 최대 60분(모바일에서 업로드 시 최대 15분, 웹에서 업로드 시 최대 60분)

❹ 동영상 소리 : 선택 사항이지만, 소리를 포함시켜 업로드 하는 것을 권장

❺ 동영상 파일 유형 : MP4

❻ 동영상 파일 크기 : 10분 이하 동영상은 최대 650MB, 60분 동영상은 최대 3.6GB

❼ 커버 사진 크기 : 420x654, 영상의 커버 사진으로 2021년 기준 등록 후 커버 사진 수정 불가

정보 검색도 이제는 동영상 시대, 유튜브!

전세계적으로 각광받는 동영상 플랫폼 유튜브, 소비자들은 제품의 외형, 사용법, 사용 후기 등을 직관적인 영상을 통해 정보를 얻습니다. 제품 홍보를 위해 유튜브 플랫폼을 이용해야 하는 이유와 유튜브 영상 제작 가이드에 대해 알아보겠습니다.

스마트기기의 발달이 거듭되면서 정보를 직관적으로 전달하는 영상 콘텐츠 기반의 플랫폼인 유튜브가 큰 영향력을 갖게 되었습니다. 무려 매월 평균 20억 명 이상이 사용하고 있습니다. 많은 사람이 유튜브로 정보를 얻고 공유합니다.

유튜브의 제일 큰 장점은 특별한 운영 비용 없이도 자신의 채널을 생성할 수 있고, 고용량의 영상을 무료로 업로드할 수 있다는 것입니다. 많은 사람과 기업이 채널을 만들어 운영하며 자유로이 소통하고 있습니다.

1 영상 제작 가이드

유튜브는 페이스북과 인스타그램 플랫폼처럼 지면에 따라 영상 제작 가이드가 변하지 않습니다. 유튜브에서 권장하는 영상의 제작 가이드에 대해서 알려드리도록 하겠습니다.

❶ 동영상 비율 : 16:9, 9:16, PC 기준 유튜브 표준 비율은 16:9를 권장합니다.

❷ 권장 해상도 : 16:9 비율을 권장하는 해상도, 일반적으로 FHD를 사용합니다.

· 4K UHD : 2160p: 3840x2160

· QHD : 1440p: 2560x1440

· FHD : 1080p: 1920x1080

· HD : 720p: 1280x720

· SD : 480p: 854x480

· 360p : 640x360

· 240p : 426x240

❸ 동영상 길이 : 최대 15분(구글 계정 인증시 동영상 파일 크기 128GB까지 업로드 가능)

❹ 동영상 소리 : 선택 사항

❺ 동영상 파일 유형 : MOV, MPEG4, MP4, AVI, WMV, MPEGPS, FLV, 3GPP, WebM, DNxHR, ProRes, CineForm, HEVC(h265), 권장하는 파일 유형은 컨테이너-MP4, 오디오 코덱-AAC-LC, 동영상 코덱 – H.264.

CHAPTER **3**

성공적인 광고 제작을 위한
기획서 작성 방법

영상 기획서를 작성하지 않으면 처음 기획했던 방향과는
전혀 다른 결과물이 나오기도 합니다. 더불어 기준의 부재로
퀄리티도 떨어지기 때문에 반드시 기획서를 작성해야 합니다.

영상제작
기획서의 중요성

소비자들에게 어떤 내용을 핵심적으로 전달할지 정리한 문서를 영상 기획서라고 합니다.

1 전달하고 싶은 정보를 명확하게 전달할 수 있다

본편

매일 착용하는 렌즈를 손으로 닦아서
세척했을 때의 경우 번거로움을 알려주고,
초음파 렌즈 세척기를 활용하면,
언제 어디서나 깨끗하고
시간을 들이지 않아도 간편하게 세척할 수 있다는 것을
핵심 포인트로 잡았습니다.

영상 기획서 작성의 핵심은 '어떻게 시청자에게 명확하게 메시지를 전달하는가'입니다. 간혹 영상을 끝까지 봤는데도 어떤 메시지를 전달하고 싶어서 해당 영상을 제작했는지 이해가지 않을 때가 있습니다. 이런 영상들이 바로 기획서의 내용이 탄탄하지 못했거나 기획서를 작성하지 않은 결과물일 것입니다.

기획서로 확실히 해두지 않으면, 시청자에게 전달하고 싶은 메시지를 명확하게 전달할 수 없습니다. 심지어는 전달하고 싶은 내용과는 다르게 내용이 왜곡되어 문제가 발생할 수도 있습니다.

여기서 영상을 제작하려는 핵심 목적은 SNS를 통해 광고 영상을 볼 시청자에게 메시지를 정확하게 전달하는 것입니다. 더 나아가서는 우리의 의도에 맞게 시청자가 영상을 시청한 뒤 제품을 구매하거나 브랜드를 각인시키는 것입니다.

2 효율적으로 광고 영상을 제작할 수 있다

Schedule

SUN	MON	TUE	WED	THU	FRI	SAT
3/14	3/15	3/16	3/17	3/18	3/19	3/20
	영상 기획	영상 기획	영상 기획	영상 기획	장소 헌팅	장소 헌팅
3/21	3/22	3/23	3/24	3/25	3/26	3/27
촬영 준비	촬영 준비	촬영 준비	촬영 DAY	영상 편집	영상 편집	영상 편집완료

일반적으로 한 개의 광고 영상을 만드는데 필요한 시간은 평균 일주일에서 길면 한 달이라는 기간이 발생합니다. 영상 제작에 투입되는 인원은 영상을 제작하는 기획자, 영상 촬영 감독, 영상에 등장하는 모델, 조명 감독 등 다수의 인원이 함께 시간을 투자하여 하나의 영상 작업물이 만들어집니다. 따라서 효율적으로 영상을 제작하려면 영상 기획서가 필수인 것입니다.

기획서 작성의
7가지 필수 요소

영상 기획서의 제작 과정과 필수로 담겨야 하는 7가지 요소를 알아봅시다.

1 SNS 광고 영상 제작 과정

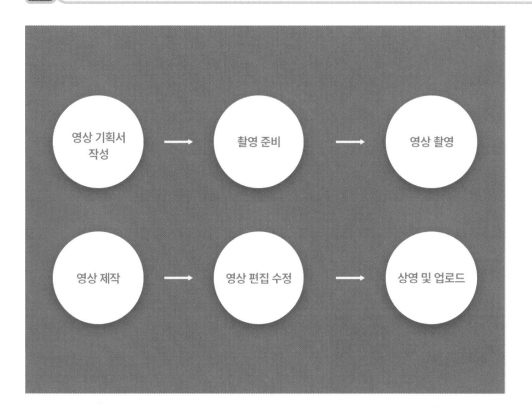

우선 회의를 통해 촬영하고 싶은 영상의 방향을 설정합니다. 그 내용을 바탕으로 영상 기획서를 작성한 뒤 촬영에 필요한 각종 소품과 장비를 구매합니다. 이어서 촬영 일정 스케줄을 기반으로 촬영을 한 뒤, 촬영본을 정리하여 영상을 편집합니다. 이렇게 광고 영상이 완성된 뒤에는 원하는 SNS 플랫폼에 업로드합니다.

하나의 광고 영상이 나오기 위한 과정을 알아보았습니다. 그렇다면 첫 번째 단계인 영상을 기획할 때 필수적인 7가지 요소들을 하나씩 살펴보고 해당 요소들을 어떻게 준비해야 하는지도 알아보겠습니다.

2 영상 기획서 작성 시 필수적인 7가지 요소

(1) 영상 제작 의도 : 제품 선정, 제품 소구점 분석, 시청 타깃층 선정

(2) 스텝 선정 : 영상 제작에 투입되는 참여 인원과 스텝 선정

(3) 스케줄 : 촬영 기획, 준비, 촬영, 제작, 상영 및 업로드까지의 일정을 정함

(4) 톤앤매너 설정 : 색감, 분위기, 표현 방법 등을 설정

(5) 레퍼런스 수집 및 분석 : 영상 제작에 도움될 참고 자료 수집 및 분석

(6) 대본 작성 : 영상에 담고 싶은 대사나 자막 등을 작성

(7) 스토리보드 : 영상의 흐름과 촬영 방법 등 각 장면을 스케치하여 묘사

1 영상 제작 의도

1-1 제품 선정하기

SNS 광고 영상을 제작하려 할 때는 촬영할 제품을 먼저 선정합니다. 영상 촬영 시 제품의 소구점을 명확하게 전달할 수 있는 제품이 좋습니다.

1-2 선정된 제품의 소구점 분석하기

소구점이란, 시청자가 흥미로워 할 만한 제품의 특성을 파악하는 것을 말합니다. 기획서 작성 시 해당 소구점을 어떻게 잘 표현할지에 대해서 생각하는 것이 중요합니다. 먼저 제품의 소구점을 분석하는 방법을 알아보겠습니다.

❶ 제품의 특성을 잘 요약해 놓은 자료를 분석합니다.

소구점을 찾기 위해서는 제품의 특성을 잘 정리해 놓은 제품 기획서 또는 상세페이지 등의 자료를 참고하는 것이 좋습니다. 그중에서 광고 영상으로 제작했을 때 시청자들이 호기심을 가질 수 있을 만한 제품의 특성을 선택하는 것입니다.

❷ 해당 제품에 대한 소비자 반응을 분석하여 소구점을 파악합니다.

선정한 제품이 판매 중인 상태라면 제품을 구입한 실제 구매평 등을 통해 소비자들의 반응을 확인하여 소구점을 분석할 수 있습니다. 구매평은 소비자들이 제품을 사용해본 후에 작성하는 것이므로, 여기서 자주 언급되는 제품

의 특성이 소비자들에게 만족이 되는 소구점인 것입니다. 타사 유사 제품의 구매평을 참고해 소비자가 어떤 부분에 관심을 갖는지 확인해 제품의 소구점으로 선정하는 것도 좋습니다.

1-3 소구점 선정 후 표현 방법 구상하기

소구점을 선정했으면 그 내용을 어떻게 표현할 것인지에 대한 방법을 구상하고 정리해야 합니다. 시청자가 흥미를 가질 수 있고, 영상에서 제품의 특성을 도드라지게 잘 보여줄 수 있는 부분을 소구점으로 선정해야 표현 방법의 구상도 명확할 수 있습니다.

3단 접이식 매트리스 SNS 광고 영상을 만든다고 가정하겠습니다. 접이식 매트리스는 자유로이 접고 필 수 있는, 공간 활용도가 좋은 것이 특징입니다. 또, **'3단'으로 접을 수 있는 매트리스**라서 좋았다는 소비자의 반응이 있었습니다. 이를 토대로 접어진다는 특성을 소구점으로 선정하였습니다.

이를 효과적으로 표현하기 위해 제일 먼저 좁은 틈새 공간을 줄자로 측정합니다. 그 다음 매트리스를 접어서 좁은 공간에 넣는 장면으로 연출하여 소구점을 강조했습니다. 한번 확인해볼까요?

스마트폰 카메라로 QR코드를 확인해보세요.

2 스텝 선정

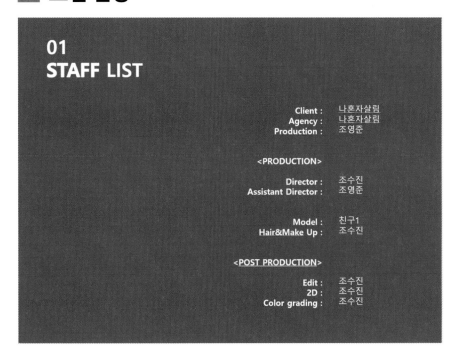

❶ 영상 제작에 사용될 총 예산을 설정합니다.

하나의 영상을 제작하기 위해서 들어가는 총 비용을 설정합니다. 예산에 따라서 투입되는 인원이 달라질 수 있습니다.

❷ 영상 제작에 사용되는 장비를 설정합니다.

촬영에 사용되는 카메라, 녹음기, 조명 등 사용하려는 장비를 선정합니다. 해당 장비를 능숙하게 사용할 수 있는 스텝을 선정하는 것이 중요합니다.

❸ 스튜디오의 위치와 규모를 설정합니다.

촬영 시 스튜디오의 위치와 규모에 따라 참석할 수 있는 인원과 장비가 제한될 수 있기 때문에 사전에 고려해야 합니다.

❹ 모델 섭외 여부도 설정합니다.

등장인물이 필요한 경우 모델 섭외가 필요한지에 대해서도 생각해야 합니다. 필요하다면 모델의 성별, 연령대, 이미지 등을 고려하여 촬영하는 제품 및 영상의 분위기와 잘 맞는지 판단한 뒤 섭외하는 것이 좋습니다.

3 스케줄

스케줄 표를 작성하는 방법에 대해서 알아보겠습니다. 직접 달력에 작성하셔도 무방하고, 컴퓨터 프로그램을 이용하여 작성하셔도 됩니다. 어떤 것으로 작성할지 고민이 되신다면 네이버 캘린더를 추천합니다. 컴퓨터와 스마트폰 동기화가 원활하며 작성한 일정을 직접 출력도 할 수 있어서 편리하게 사용할 수 있습니다.

❶ 네이버 로그인을 한 후, 상단 메뉴에서 ❶[더보기(접기)]를 클릭하여 ❷[캘린더] 메뉴를 클릭합니다.

❷ 네이버 캘린더 화면이 나타나면, 왼쪽 상단의 [일정, 약속쓰기] 버튼을 클릭합니다.

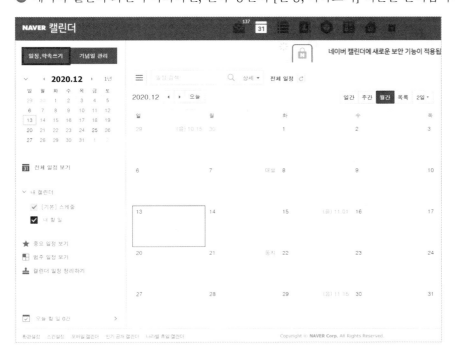

❸ 설명제목, 장소, 일시, 참석자, 공개여부, 설명란에 스케줄 내용을 작성한 후 저장 버튼을 누릅니다.

❹ 영상 제작 기한을 생각하여 스케줄을 작성합니다.

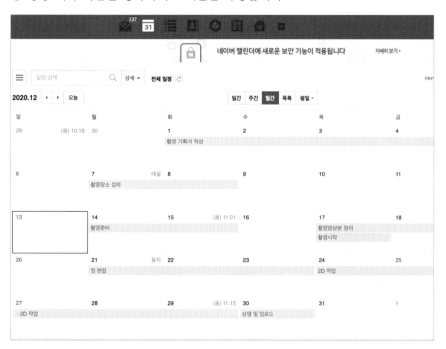

❺ 해당 일정표 위쪽에 있는 인쇄 아이콘 버튼을 눌러 출력 후 스텝들에게 공유합니다.

더 알아보기 스케줄 작성

① 쇼핑몰에서 프로모션을 기획 중이라면, SNS 광고 영상의 제작은 최소 프로모션 시작 1~2달 전부터 제작 기간을 넉넉하게 정하는 것이 좋습니다.

② 스케줄을 정할 때 제작 마감 기한일을 먼저 정한 뒤, 세부적인 제작 스케줄을 정하는 것이 좋습니다.

4 톤앤매너 설정

영상에서 톤앤매너란, 전달하려는 메시지를 효과적으로 전달하기 위해 영상의 색감, 분위기, 영상의 표현법 등을 일관하게 설정하는 것을 말합니다. 톤앤매너를 유지하면 일관성 있게 메시지를 전달할 수 있습니다.

❶ 영상의 분위기 : 영상의 전체적인 분위기는 톤앤매너와 아주 큰 관련이 있습니다. 위 사진은 팥차라는 제품입니다. 해당 영상은 팥이 재료인 만큼 자연적인 분위기와 팥+차라는 거부감을 줄일 수 있도록 일상적이면서도 감성적인 분위기를 강조했습니다. 이렇게 영상의 분위기를 설정할 때는 제품이 지닌 특성, 제품의 원재료, 생김새, 사용 용도 등을 고려해서 어떤 분위기로 영상을 풀어나갈 것인지를 설정해야 합니다.

❷ 영상의 색감 : 영상의 분위기를 선정했다면, 촬영물이 분위기와 어울리도록 색감을 보정해야 합니다. 색감이 중요한 이유는 색감이 분위기를 더욱 강조하는 역할을 하며 제품의 실제 색상과 영상에 담긴 색상의 차이를 줄여 사실감을 전할 수 있기 때문입니다.

❸ 영상 배경음 : 배경음은 영상의 분위기를 극대화하며, 영상의 흐름과 음악을 맞추며 작업을 하기 때문에, 편집 과정에서도 중요한 요소입니다. 배경음은 저작권이 있으므로 음원 파일을 사용할 때에는 주의가 필요합니다. 저작권 걱정 없이 원하는 분위기의 배경음을 고르는 방법도 알아봅시다.

ㄱ. 유튜브 사이트에 접속하여 로그인한 후, 오른쪽 상단의 프로필을 클릭하여 [Youtube 스튜디오] 메뉴를 클릭합니다.

ㄴ. [Youtube 스튜디오] 화면이 나타나면 왼쪽 하단의 [오디오 보관함]을 클릭하고, [오디오 보관함] 화면에서 [무료 음악] 메뉴를 선택 후 왼쪽 하단의 메뉴 버튼을 클릭합니다.

ㄷ. 메뉴가 등장하면 목록에서 [분위기] 메뉴를 클
   릭하여 원하는 분위기를 체크 후 적용 버튼을 클
   릭하여 나타나 음악의 재생 아이콘을 클릭해 음
   악을 듣습니다.

ㄹ. 원하는 음악을 선택 후 [추가된 날짜]를 클릭하
   여 해당 음원을 다운로드 받습니다.

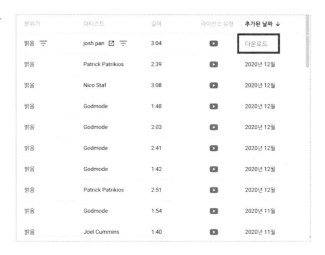

④ 영상에 등장하는 자막 : 자막은 영상을 보는 시청자에게 정보 전달과 함께 시각적으로 재미를 이끌어내는 중요한 역할을 합니다.

- 작업을 하던 상세페이지 제작을 마무리하고 비행기 타러 출발!

위의 이미지처럼 잔잔한 브이로그 영상과 하단의 제품 리뷰 영상의 자막 스타일이 다른 것을 볼 수 있습니다. 영상 자막은 영상의 분위기를 간접적으로 전달하는 요소 중 하나이기 때문에 영상 자막을 사용할 때는 톤앤매너를 고려하여 자막의 색상, 폰트, 스타일을 선택해야 합니다.

상업용 무료 한글 폰트 사이트

① '눈누'를 검색하여 들어갑니다. 상단 메뉴 중에서 [모든 폰트]를 선택하고 왼쪽 상단에 포장지, 임베딩, BI/CI, OFL 부분을 모두 체크합니다. (https://noonnu.cc/)

② 나타난 폰트 중에서 원하는 스타일의 폰트를 클릭한 뒤, [폰트 미리보기] 창에 원하는 내용을 입력해 폰트 디자인을 다시 확인합니다.

③ [다운로드] 버튼을 클릭하면 폰트를 다운받을 수 있는 공식 사이트로 이동하며, 폰트 라이선스를 확인 후 다운받을 수 있습니다.

5 레퍼런스 수집 및 분석

영상 제작 시 촬영하고 싶은 주제와 비슷한 분위기의 레퍼런스 영상을 선정하여 분석해보는 것을 추천합니다. 레퍼런스 영상이 필요한 이유는 촬영 방향, 영상의 분위기, 영상 편집 등 전체적인 방향을 의논할 때 래퍼런스 바탕으로 회의를 진행하면, 영상의 제작 의도를 정하는데 도움이 됩니다. 또한, 의견을 조율하는 과정에서도 이해도를 높일 수 있기 때문에 감명받은 레퍼런스 영상들을 폴더별로 정리해 두면 도움이 됩니다.

 레퍼런스 영상 찾는 방법과 분석 방법

① 대표적인 영상 사이트인 Youtube, Vimeo에 들어간 뒤, 광고 영상 주제와 성격이 맞는 검색어를 입력합니다. 음료의 경우 커피 광고, 커피 홍보영상, 전자제품의 경우 전자제품 홍보영상 등의 단어로 검색하면 레퍼런스 영상을 쉽게 찾을 수 있습니다. (https://www.youtube.com), (https://vimeo.com/ko/)

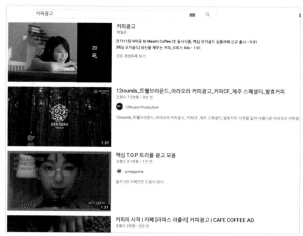

② 마음에 드는 영상은 링크를 따로 정리하거나, 영상을 다운받아서 보관해 놓습니다.

③ 다운로드 방법은 '4K video Downloader'를 검색하여 사이트에 들어간 후 [다운로드] 메뉴를 클릭해 설치합니다. (https://www.4kdownload.com/ko/products/product-videodownloader)

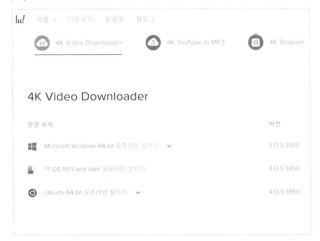

④ 설치한 4K Video Downloader를 실행합니다. 그다음 다운로드 받고 싶은 레퍼런스 영상의 링크를 복사한 뒤 4K Video Downloader 프로그램에서 [Paste Link] 메뉴를 클릭해 복사한 레퍼런스 영상의 링크를 붙여넣습니다.

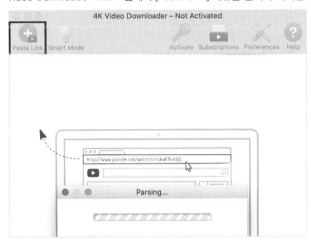

⑤ [다운로드 Clip] 창에서 원하는 포맷과 해상도를 체크한 후 다운로드 받아 폴더에 정리하면 됩니다.

레퍼런스를 수집하는 이유는 분석을 하기 위해서입니다. 단순히 따라하려는 목적이 아니라, 이를 통해 자신의 생각을 넓혀 활용하기 위함입니다.

❶ 톤앤매너 분석 : 전체적인 분위기, 색감 등을 확인합니다.
❷ 촬영 앵글 파악 : 촬영 시 어떤 각도로 촬영을 했는지 확인합니다.
❸ 촬영 장소, 촬영 소품 분석 : 레퍼런스에 사용된 촬영 장소와 소품을 파악하면, 추후 스튜디오 선정 및 촬영 소품을 준비할 때 도움이 될 수 있기 때문에 해당 부분도 유심하게 살펴봅니다.
❹ 편집 효과 분석 : 적용된 장면 전환 효과, 자막 스타일, 효과음, 배경음 등을 분석하여 나중에 영상 편집 과정에서 참고할 수 있습니다.

6 대본 작성

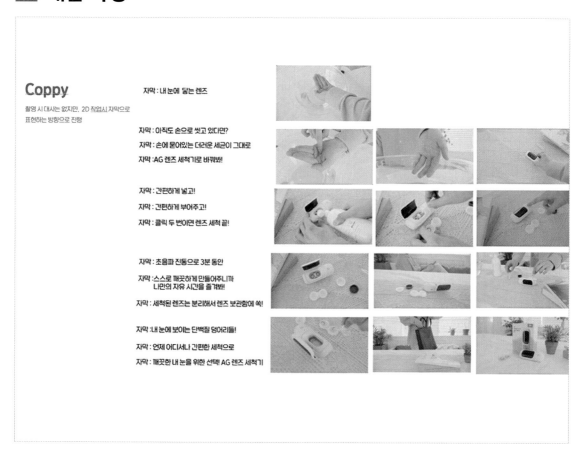

촬영과 편집 시 사용할 대본과 자막을 미리 작성합니다. 영상의 문구는 제품 및 브랜드의 특성을 살려서 영상의 분위기에 맞게 작성합니다. 미리 작성해 놓으면, 영상의 틀이 정해지는 것이므로 촬영 시간이 짧아지고, 편집 과정에서 자막을 수정하는 횟수를 줄일 수 있는 장점이 있습니다.

7 스토리보드 작성하기

스토리보드는 영상의 흐름대로 장면을 나열하고, 영상의 장면, 배경, 출연 인물, 대사, 행동 등을 표기합니다. 또한, 스텝이 투입되는 만큼, 스토리보드를 잘 작성하면 많은 시간을 절약할뿐더러 기획 방향에 맞게 촬영을 진행할 수 있습니다. 작성하는 방법은 다양하지만, 스토리보드를 보고 스텝들이 영상의 흐름과 제작 과정에 필요한 필수 요소들을 알아볼 수 있도록 정리하는 것이 좋습니다.

❶ 장면을 시간 순서대로 나열 : 시간 순서대로 각 장면을 묘사한 스케치 또는 이미지를 나열합니다.

❷ 각 장면의 화면 구성 내용을 작성 : 모델의 행동, 촬영 시 카메라 각도, 소품의 위치, 분위기 등 각 장면에 담겨야 하는 정보를 기록합니다. 추후 촬영 현장을 세팅할 때 큰 도움이 됩니다.

ㄱ. 영상의 전체적인 분위기 : 영상의 전체적인 분위기에 따라서 스튜디오 선정, 촬영 방법, 소품 준비물, 영상 편집 과정에 들어가는 색감 · 배경음 · 자막 스타일 등이 변경될 수 있기 때문에 영상의 전체적인 분위기를 제일 먼저 정하는 것이 중요합니다.

ㄴ. 촬영 시 카메라 구도 : 카메라 구도는 영상의 안정감, 분위기 극대화, 각 장면을 자연스럽게 연결시켜주는 효과와 관련이 있기 때문에 어떻게 카메라의 구도를 잡을 것인지 작성하면 좋습니다.

ㄷ. 장면을 연출하기 위한 필요 소품들 : 영상을 촬영할 때 영상에 담겨야 하는 소품들을 정리해두면, 촬영 소품을 준비할 때 시간도 절약되며, 빠뜨리지 않고 챙길 수 있습니다.

ㄹ. 장면을 연출하기 위한 모델의 행동 및 동선 : 장면에 담겨야 하는 모델의 행동 또는 동선을 기록하면, 스토리보드를 미리 숙지한 모델의 행동도 자연스럽고, 촬영도 수월하게 진행됩니다.

❸ 각 장면에 담길 대본 또는 효과음을 작성 : 장면에 포함될 자막 또는 촬영 시 모델의 대사를 하단에 작성합니다. 촬영 시 담겨야 하는 대사와 효과음을 미리 작성하면, 해당 장면에 담길 영상의 분위기를 알 수 있으며, 대사 또는 대본과 함께 촬영의 방향성을 잡을 수 있습니다.

❹ 스토리보드 공유 및 수정 : 스토리보드가 완성되면 회의로 스토리보드를 확인한 후 보완해야 할 사항들을 수정해 완성합니다.

CHAPTER **4**

효과적인 촬영을 위한
스토리보드 작성 방법

기획안을 토대로 예상되는 영상의 장면을 그림(사진)으로
간략하게 정리하는 것을 스토리보드라고 합니다.
스토리보드를 만들면 제작에 참여하는 스텝의 이해도를 높여
더욱 좋은 퀄리티의 결과물을 상대적으로 짧은 시간 내 만들 수 있습니다.

SECTION 9   스토리보드 작성하기

9 | 스토리보드 작성하기

우선은 머릿속에 떠오르는 연출하고 싶은 장면을 텍스트로 작성한 뒤 그림으로 표현하면 좋습니다. 그림 실력은 뛰어나지 않아도 괜찮습니다. 각 영상의 장면을 간략하게 표현 후 이미지의 이해를 돕는 부가 설명을 작성하면 좋습니다.

❶ 머릿속에 떠오르는 장면들을 텍스트로 작성합니다.

렌즈 세척기 광고 영상 촬영 장면 요약본

1. 렌즈를 집게로 집어서 손바닥 위에 올려 놓기 (물이 담긴 항아리기 있으면 좋을 듯)
2. 더러워진 손을 보여주면서 손에 세균이 많다는 것을 강조하기
3. 렌즈 세척기가 요기 있다! 이런 느낌으로 책상 위에 올려두는 모습
4. 손바닥에 렌즈를 비비는 모습 보여주기
5. 렌즈 세척기에 렌즈를 넣는 모습 보여주기
6. 렌즈 세척기 실제로 누르는 모습 보여주기
7. 렌즈 세척기 작동하는 모습 보여주기
8. 렌즈 세척기 안에 용액을 넣어서 실제로 렌즈 세척하는 모습 보여주기
9. 스마트폰으로 한가롭게 노는 모습 보여주기
10. 렌즈 세척 후에 렌즈 통에 렌즈 담는 모습 보여주기
11. 렌즈 세척기가 더러워진 모습 보여주기
12. 렌즈 세척기 포장지 및 렌즈 세척기 올려놓고 보여주는 모습 연출하기
13. 렌즈 세척기 가방에 넣어서 '어디든 들고 다닐 수 있다' 라는 걸 강조하기

❷ 텍스트를 시간 순서대로 정리합니다. 영상에 자연스럽게 담길 수 있도록 작성한 내용을 시간 순서대로 정리합니다. 이때, 영상의 흐름이 자연스럽지 않거나 내용이 부족하다고 생각하는 부분은 내용을 보충합니다.

렌즈 세척기 광고 영상 촬영 장면 정리본

[렌즈 세척기 사용 전 문제점 먼저 보여주기]

1. 렌즈를 집게로 집어서 손바닥 위에 올려 놓기 (물이 담긴 항아리가 있으면 좋을 듯)
2. 손바닥에 렌즈를 비비는 모습 보여주기
3. 더러워진 손을 보여주면서 손에 세균이 많다는 것을 강조하기

[렌즈 세척기의 장점 및 사용방법 보여주기]

1. 렌즈 세척기가 요기 있다! 이런 느낌으로 책상 위에 올려두는 모습
2. 렌즈 세척기에 렌즈를 넣는 모습 보여주기
3. 렌즈 세척기 안에 용액을 넣어서 실제로 렌즈 세척하는 모습 보여주기
4. 렌즈 세척기 실제로 누르는 모습 보여주기
5. 렌즈 세척기 작동하는 모습 보여주기
6. 스마트폰으로 한가롭게 노는 모습 보여주기
7. 렌즈 세척 후에 렌즈 통에 렌즈 담는 모습 보여주기
8. 렌즈 세척기가 더러워진 모습 보여주기

[렌즈 세척기 영상 마무리 보여주기]

1. 렌즈 세척기 가방에 넣어서 '어디든 들고 다닐 수 있다' 라는 걸 강조하기
2. 렌즈 세척기 포장지 및 렌즈 세척기 올려놓고 보여주는 모습 연출하기

---

❸ 각 장면에서 담겨야 하는 세부 내용을 정리합니다. 장면을 표현하기 위한 분위기, 인물의 표정과 대사, 행동, 동선 등을 작성합니다.

렌즈 세척기 광고 영상 촬영 장면 정리본

[렌즈 세척기 사용 전 문제점 먼저 보여주기]

1. 렌즈를 손 위에 올려놓는 모습 연출 → 손바닥을 펼치고 그 위에 렌즈 올려두기
2. 손바닥에 렌즈를 비벼서 세척하는 모습 연출 → 렌즈 문지르다가 렌즈 찢어지는 모습 연출
3. 더러워진 손을 보여주기 → 더러워진 손을 카메라 쪽으로 뻗으며 손바닥 펼치기

[렌즈 세척기의 장점 및 사용방법 보여주기]

1. 렌즈 세척기 책상 위에 올려두기 → 책상 오른쪽에 렌즈 세척기 올려두기
2. 렌즈 세척기에 렌즈를 넣는 모습 → 렌즈 세척기 뚜껑 열고, 렌즈 넣기
3. 렌즈 세척기 안에 용액 넣는 모습 연출 → 렌즈 세척 용액 넣기
4. 렌즈 세척기 버튼 2번 누르기 → 전원 버튼 2번 클릭하기
5. 렌즈 세척기 열어서 초음파 진동 확인하기 → 세척기 뚜껑 열고 렌즈가 떨리는 모습 보여주기
6. 스마트폰으로 쇼파에서 쉬는 모습 연출 → 렌즈 세척기 작동 후 스마트폰하는 모습 보여주기
7. 렌즈 세척이 완료되면 분리망 올리는 모습 연출 → 분리망 올리고 렌즈 통에 렌즈 담기

[렌즈 세척기 영상 마무리 보여주기]

1. 렌즈 세척기 가방에 넣기 → 걸어들어오면서 세척기를 가방에 넣는 연출
2. 렌즈 세척기 테이블 세팅 모습 → 세척기 포장 및 제품 세팅하기

❹ 장면에 묘사한 내용을 토대로 촬영 및 편집 기술을 작성합니다. 카메라 구도, 효과음, 편집 효과 등을 기록합니다.

렌즈 세척기 광고 영상 촬영 장면 최종 정리본

[렌즈 세척기 사용 전 문제점 먼저 보여주기]

1. 렌즈를 손 위에 올려놓는 모습 연출 → 손바닥을 펼치고 그 위에 렌즈 올려두기
   └ 손바닥이 잘 보이도록 시점을 위에서 아래로 촬영
2. 손바닥에 렌즈를 비벼서 세척하는 모습 연출 → 렌즈 문지르다가 렌즈 찢어지는 모습 연출
   └ 렌즈 찢어지는 장면을 클로즈업, 정면에서 촬영 (뜨헉! 효과음 넣으면 좋을 듯)
3. 더러워진 손을 보여주기 → 더러워진 손을 카메라 쪽으로 뻗으며 손바닥 펼치기
   └ 정면 촬영 진행하다가 손바닥 보일 때 손바닥으로 클로즈업 (손바닥에 사는 세균 영상 함께 넣으면 좋을 듯)

[렌스 세척기의 상섬 및 사봉방법 보여수기]

1. 렌즈 세척기 책상 위에 올려두기 → 책상 오른쪽에 렌즈 세척기 올려두기
   └ 편집 시 왼쪽에 자막이 들어갈 수 있도록 왼쪽에 여백을 두고 촬영을 진행
2. 렌즈 세척기에 렌즈를 넣는 모습 → 렌즈 세척기 뚜껑 열고, 렌즈 넣기
   └ 위에서 아래로 내려다 보이는 각도로 렌즈 세척기에 넣는 과정이 잘 보이도록 촬영
3. 렌즈 세척기 안에 용액 넣는 모습 연출 → 렌즈 세척 용액 넣기
   └ 위에서 아래로 내려다보이는 각도로 촬영 (렌즈 넣고, 용액 넣는 모습은 각 3초씩만 짧게)
4. 렌즈 세척기 버튼 2번 누르기 → 전원 버튼 2번 클릭하기
   └ 세척기 버튼을 누를 때 카메라도 천천히 전원 버튼으로 클로즈업
5. 렌즈 세척기 열어서 초음파 진동 확인하기 → 세척기 뚜껑 열고 렌즈가 떨리는 모습 보여주기
   └ 세척기가 떠는 모습이 잘 나오도록 고속으로 촬영 (편집 시 떨리는 모습 확대할 것)

꿀팁 스토리보드 작성시 상황별 촬영 및 편집 기술 작성 요령

① 순간적으로 느리게 표현하고 싶은 장면 작성하기 : 영상에서 움직임이 많은 대상, 또는 액상으로 되어 있는 제품을 표현할 때 빠르게 지나가는 장면과 슬로우 모션을 주고 싶은 장면을 따로 표기합니다. 촬영 시에는 카메라의 프레임을 높여서 촬영하고 추후 편집 툴을 활용하여 영상 재생 속도 효과를 늦춰 슬로우 모션 효과를 더하면 됩니다.

② 클로즈업 하고 싶은 장면 따로 작성하기 : 확대해서 보여주고 싶은 장면을 따로 표기하여 촬영 시 가까이 다가가서 촬영을 진행합니다. 추후 편집 툴에서 마스크를 활용해 확대 효과를 적용하면 됩니다.

③ 장면에 따른 자막 스타일 작성하기 : 스토리보드를 작성할 때 장면의 분위기에 따라서 자막 스타일을 따로 지정해두면 추후 영상 편집 시 자막을 디자인하는 과정이 편리합니다.

  ㄱ. 영상의 재미 또는 제품의 특정 부분을 강조하고 싶을 때 : 입체감 있는 예능 자막 스타일 활용 및 자막에 모션 효과를 사용하면 제품의 특징을 효과적으로 전달할 수 있습니다.

  ㄴ. 일반적인 등장인물의 대화 및 제품 설명이 필요할 때 : 자막 바를 활용하거나, 일반 기본 자막 스타일을 활용합니다. 시청자가 영상을 보는 동안 자막을 보면서 영상의 이해도를 높일 수 있습니다.

④ 장면에 맞는 배경음 및 효과음 선정 후 작성하기 : 각 장면에 들어가는 배경음과 효과음을 스토리보드에 표기하여 편집 시 배경음과 효과음을 선택할 때 시간을 단축시킬 수 있습니다.

  ㄱ. 특정 효과를 표현하는 예능 자막이 등장할 때 : 뿅! 띠링! 하는 효과음을 넣어 시선을 집중시킨다.

  ㄴ. 상황에 따라 적절한 효과음 넣기 : 책 넘기는 소리, 휙 지나가는 소리, 키보드 소리, 걷는 소리, 바람부는 소리 등 각 상황에 따라 다양한 효과음을 넣어 영상을 더욱 실감나게 만들 수 있습니다.

  ㄷ. 영상 분위기에 따른 배경음 선정 : 감성적인 제품을 홍보하는 영상의 경우 템포가 빠르지 않고 잔잔한 피아노&어쿠스틱 기타로 연주한 편안한 분위기의 배경음을 선택합니다. 또한, 예능 · SNS 영상처럼 속도감 있고 파워풀한 느낌의 영상은 템포가 빠른 일렉트로닉 등과 같은 힘있는 배경음을 선택하면 좋습니다.

❺ 각 장면에서 담겨야 하는 세부 내용을 그림(사진)으로 표현합니다. 앞에서 정리한 내용을 바탕으로 각 장면들을 그림으로 그립니다. 자세하게 그릴 필요는 없으며, 연출하고자 하는 장면의 주요 포인트를 표현하는 정도로만 그립니다.

❻ 스토리보드를 영상 제작에 참여하는 스텝들에게 공유하여 추가적으로 필요한 내용 등을 회의를 통하여 수정 작업을 거쳐 완성합니다.

 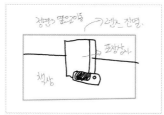

더 알아보기 **스토리보드를 작성할 때 그림을 그리기 힘들다면?**

원하는 장면을 사진으로 찾아 스토리보드를 만들면 됩니다. 그림을 그리지 못해 제대로 표현이 안 된다면, 레퍼런스 영상 또는 이미지 사이트를 이용하여 연출하고 싶은 장면과 유사한 이미지를 찾아 스토리보드처럼 만드시면 됩니다. 직접 스토리보드를 제작하면서 편한 방법으로 작성해보세요!

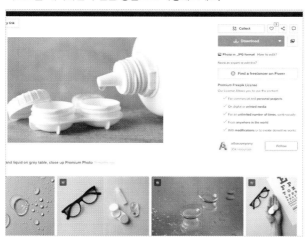

2

SNS 광고 촬영을 위한 기본 지식

CHAPTER **1**

성공적인 광고 촬영을 위한 준비사항

촬영 준비는 크게 촬영 전과 촬영 당일로 나눌 수 있습니다.
영상 촬영을 어떻게 준비하느냐에 따라 영상의 결과물이 달라질 수도 있기 때문에
철저한 준비가 필요합니다. 성공적인 광고 촬영을 위한 준비 과정을 알아보겠습니다.

10 | 촬영하기 전 준비사항

영상 기획서를 작성했다면, 영상 촬영을 준비할 때입니다. 촬영 준비 과정과 스튜디오 선정 시 고려해야 할 점을 알아보겠습니다.

❶ 완성된 영상 촬영 기획서와 스토리보드 : 준비하는 도중에 영상의 분위기, 촬영 장소, 촬영 소품, 인물 등이 달라질 수 있기 때문에 촬영 기획서와 스토리보드를 최종적으로 마무리한 후에 촬영 준비를 진행하시는 것이 좋습니다.

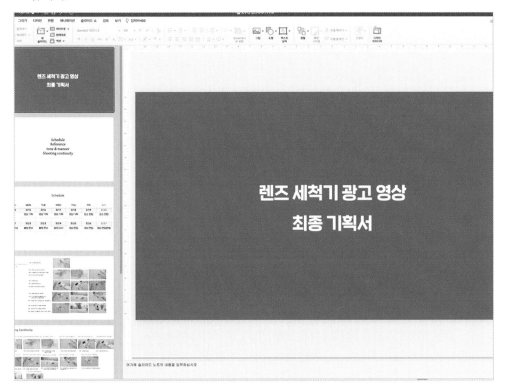

❷ 스튜디오 선정 및 예약하기 : 해당 장면을 연출하기 위한 스튜디오를 선정하고 영상 촬영 스케줄에 맞춰서 스튜디오를 예약합니다.

더 알아보기 **스튜디오 선정 시 이것만은 알고 가세요!**

① 스튜디오 선정은 최소 2주 전부터 알아볼 것

스튜디오마다 예약 일정이 다르기 때문에 원하는 날짜에 촬영이 불가할 수 있습니다. 또한 스튜디오 사전 답사 시간까지 고려하여 넉넉한 시간을 두고 스튜디오를 선정하는 것이 좋습니다.

② 스튜디오 예약 전 사전 답사할 것

마음에 드는 스튜디오에 예약하기 전, 직접 스튜디오를 방문하여 스튜디오의 구도, 분위기 등 전반적인 촬영 환경을 직접 방문하여 체크합니다.

ㄱ. 스튜디오에 미리 양해를 구하여 [사전 답사 날짜와 시간] 등을 고지합니다. 더 꼼꼼하게 둘러볼 수 있을 뿐더러 담당자에게 궁금한 부분을 더욱 쉽게 질문할 수 있습니다.

ㄴ. 스튜디오의 분위기와 구도를 파악할 것

선정한 스튜디오가 촬영하려는 영상과 톤앤매너가 일치하는지 확인합니다. 또한, 온라인상에서 제대로 확인할 수 없었던 스튜디오의 공간과 구도를 체크하며, 촬영 시 인원 수용은 충분한지, 조명과 카메라를 세팅할 위치, 모델의 동선 등도 무리가 없는지 확인합니다.

ㄷ. 방음이 잘되는 환경인지 체크합니다.

제일 중요하게 생각할 부분이 바로 방음입니다. 스튜디오의 방음이 좋지 않으면, 영상에 잡음이 생겨 의도치 않은 곤란함이 생길 수 있습니다.

ㄹ. 소품들을 체크합니다.

스튜디오를 선정을 할 때는 최대한 촬영에 필요한 소품들을 구비한 스튜디오를 선정하는 것이 좋습니다. 스튜디오 소품을 활용해 촬영을 할 수도 있고 촬영 소품 준비물도 줄어들기 때문에 더욱 원활한 진행이 가능합니다.

ㅁ. 촬영 시 필요한 장비들을 대여할 수 있는지 체크합니다.

영상 촬영 장비를 대여해주는 스튜디오도 있습니다. 카메라, 카메라 렌즈, 조명, 배경지 등을 미리 확인하고 사전에 미리 문의하여 대여하는 것을 추천합니다.

❸ 공공장소 촬영이 필요할 땐 해당 기관에 미리 촬영 허가 요청 받기 : 공공장소에서 촬영할 때는 국가기관에 촬영 지원이 가능한지, 촬영 규정과 절차를 확인하고 정식적으로 촬영 허가 신청서를 작성해 허가를 받을 수 있습니다. 서울영상위원회에 접속 후 [로케이션 in Seoul] - [촬영 매뉴얼] - [지원규정 및 각종서식] 메뉴를 이용하여 확인할 수 있습니다. (https://www.seoulfc.or.kr/Main/)

❹ 모델 섭외 : 촬영 날짜와 스튜디오 예약이 완료되었다면, 모델을 섭외합니다. 해당 촬영 날짜와 촬영 시간대가 가능한 모델을 섭외해야 하기 때문에 스튜디오를 선정하는 것처럼 최소 2주 정도 넉넉하게 시간을 두고 섭외합니다.

❺ 촬영 소품 준비 : 영상 촬영에 필요한 소품을 준비합니다. 소품은 배송 기간을 생각하여 촬영 당일 기준으로 일주일 전에는 주문하시길 권장합니다.

11 | 촬영 당일 준비사항

대망의 촬영이 다가왔습니다. 한정된 시간 내 기획했던 대로 촬영하기 위해서는 분주히 움직여야 합니다. 촬영 당일에 확인할 준비사항과 시간을 효율적으로 분배하는 꿀팁을 알아보겠습니다.

❶ 스튜디오 도착 : 촬영 당일 30분 ~ 10분 전에 미리 도착하여 짐을 풀고, 스토리보드를 토대로 카메라를 세팅하고, 장면에 맞게 구도와 소품을 어떻게 세팅할 지 생각합니다.

> **더 알아보기** 예약한 시간보다 일찍 스튜디오를 방문하려면, 예약할 때 미리 물어보는 것이 좋습니다. 사전 입장이 불가능한 스튜디오도 있으므로 해당 준비 시간까지 고려해 예약 시간을 설정하는 것이 중요합니다.

❷ 촬영 전 브리핑 : 스텝들과 함께 촬영 기획서와 스토리보드를 보면서 각 장면들의 전체적인 흐름을 확인합니다. 어떻게 촬영을 진행할지 브리핑하며 각 스텝들은 자신의 역할을 재숙지합니다.

> **더 알아보기** 촬영 시간을 절약하는 방법
>
> 브리핑을 진행할 때 촬영하는 장면 중에서 뒷배경이나 소품 세팅이 동일한 경우에는 각 장면들이 연결적이지 않더라도 연결해서 촬영하는 것이 좋습니다. 편집으로 조정할 수 있는 부분이므로 소품 세팅 시간을 절약할 수 있습니다. 브리핑 시 이런 부분도 고려해야 합니다.

❸ 스튜디오 세팅 : 브리핑 내용을 토대로 하여 장면에 맞게 조명 설치, 소품 및 카메라 세팅을 진행 후 촬영을 진
   행합니다.

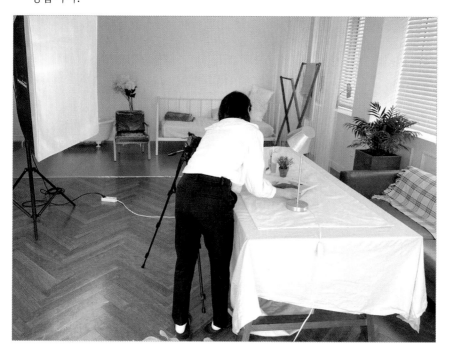

❹ 이곳에서 만든 영상을 확인해 볼까요? 스마트폰 카메라로 QR코드를 촬영하세요.

CHAPTER **2**

초보자도 고퀄리티 영상을 만들 수 있다

영상에 처음 입문하시는 분들에게 필요한 장비와 촬영 방법
그리고 각 장면의 상황에 맞게 소품을 연출하는 방법을
저만의 꿀팁과 함께 알아보겠습니다.

SECTION
12 | 촬영에 필요한 장비 알아보기

1 카메라

영상을 촬영하기 위해서 꼭 필요한 것이 카메라입니다. 카메라의 종류와 기종은 다양합니다. 영상을 처음 입문하시는 분들에게 도움이 될 카메라의 종류와 선택에 대해서 알아보겠습니다.

❶ 스마트폰 : 초보자분들은 흔히 퀄리티를 높이기 위해 고가의 카메라를 이용해야 한다고 생각합니다. 하지만, 이미 갖고 있는 스마트폰으로도 충분히 멋진 광고 영상을 만들 수 있습니다. 스마트폰은 일반 카메라보다 가볍기 때문에 휴대성도 용이하며 파일 관리도 쉬워서 처음 영상을 입문하실 때 사용하기 좋습니다. 최신 기종 중에서는 동영상 녹화 해상도가 무려 UHD 8K까지 지원되는 기종도 있습니다. 다만, 스마트폰에 따라 해상도와 동영상 촬영 기능에는 차이가 있을 수 있습니다. 영상 파일은 용량이 크기 때문에 용량을 충분히 확보한 뒤 촬영을 진행해야 합니다.

❷ DSLR 카메라 : DSLR은 카메라 안에 미러(거울)가 들어 있는 카메라라고 생각하시면 됩니다. 렌즈로 빛이 들어오면 카메라 바디 속의 거울을 통해 빛이 5각 미러로 반사됩니다. 5각 미러를 통해 빛이 다시 반사되어 뷰파인더로 촬영하고 싶은 장면을 눈으로 확인 할 수 있습니다. 셔터를 누르는 순간, 바디에 있는 거울이 위로 접히며 센서로 빛이 흘러들어가 촬영을 하는 카메라입니다. 렌즈를 교환할 수 있으며, 고가의 가격대를 자랑하는 만큼 높은 해상도의 이미지와 영상을 촬영할 수 있습니다. 하지만 카메라가 무거워 휴대성이 떨어집니다.

❸ 미러리스 카메라 : DSLR에서 바디 미러가 없는 카메라라고 생각하시면 됩니다. 렌즈로 빛이 들어오면 바로 이미지 센서로 보내 선차식 뷰파인더와 LCD 모니터에서 해당 장면을 확인하며 촬영합니다 바디 안의 미러(거울)를 제거했기 때문에 DSLR 카메라보다 작고 가벼워서 휴대성이 좋으며, 입문자들도 쉽게 배울 수 있습니다. 하지만 내구성이 약한 편입니다. 렌즈 교환도 가능하지만 아직까지는 렌즈 군이 부족한 상태입니다.

❹ 액션캠 : 스포츠 등 야외에서 움직임이 많은 활동적인 영상을 만들 때 헬멧, 머리, 팔 등에 고정하여 1인칭 시점으로 촬영하는 소형 카메라입니다. 손떨림 방지가 우수하다는 특징이 있습니다.

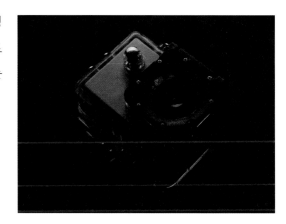

2 카메라 보조 장비

❶ 조명 : 광고 영상은 스튜디오에서 촬영하는 경우가 많습니다. 실내는 빛의 양이 적기 때문에 조명을 이용해 원하는 밝기로 조절해야 합니다. 밝기뿐 아니라 조명의 스타일을 이용해 영상의 분위기를 조성할 수 있습니다.

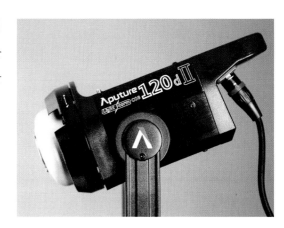

❷ 녹음 마이크 : 잡음을 제어하고 생생한 소리를 담기 위해 녹음 마이크를 사용하는 것이 좋습니다. 일반적으로 카메라에 마이크가 탑재돼 있지만, 녹음 마이크보다 성능이 떨어집니다. 특히 야외에서 촬영할 때 바람소리 등의 잡음을 제어할 수 있습니다.

❸ 삼각대 : 흔들림 없이 촬영하기 위해서 삼각대가 필요합니다. 카메라가 무거울수록 손으로 흔들림 없이 고정적으로 잡을 수 없고, 따라서 영상에 미세한 흔들림이 발생합니다.

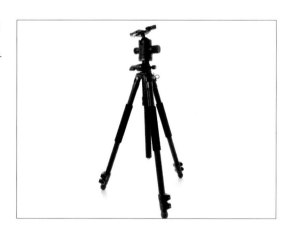

❹ 프리뷰 모니터 : 카메라 모니터에 표현되는 장면을 보조 모니터를 활용해 크게 볼 수 있게 만드는 장비입니다. 카메라 LCD 모니터는 화면 사이즈가 작고, 카메라 기종에 따라 LCD 모니터의 각도 조절의 기능이 달라서 화면을 보면서 촬영을 하기 힘들 수 있습니다. 이럴 때 프리뷰 모니터를 활용하면 각도 조절은 물론 큰 화면을 보면서 구도를 잡을 수 있기 때문에 촬영을 수월하게 진행할 수 있습니다.

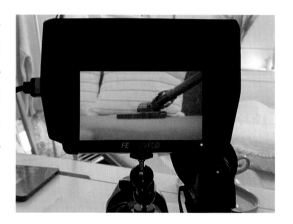

⑤ 짐벌 : 촬영 시 카메라의 흔들림을 줄여주는 보조장치입니다. 짐벌은 직접 카메라를 잡고 움직여야 하는 촬영에 사용하기 좋습니다. 입문자에게는 다른 보조 장비보다 가격대가 높은 편이며, 조자이 어려울 수 있습니다. 영상 촬영에 익숙해진 후 구입하시는 걸 추천합니다.

카메라 해상도/프레임/ 포커스 세팅

영상을 촬영할 때 알아야 할 기본적인 3가지 카메라 세팅 요소를 알아보겠습니다. 설명하는 설정 이외에도 카메라의 기종과 촬영 환경을 고려하여 설정 값을 조절해 사용하시는 것이 좋습니다.

1 해상도 설정하기

▲ 나혼자살림 공식 유튜브 채널 – 해상도 FHD로 촬영

21년 기준 유튜브 등에 업로드되는 영상의 대부분의 해상도는 FHD(1920x1080)입니다. 촬영기기들도 기본적으로 FHD 해상도를 지원하므로 영상 촬영을 진행하는데 큰 문제가 없습니다. 해상도만 아니라 프레임도 아주 중요한 요소입니다. 영상의 1초 동안 몇 장의 이미지가 사용되느냐를 의미합니다. 이미지가 많이 사용될수록 움직임이 더욱 부드러워지고 슬로우 모션 같아집니다.

해상도? 프레임?

우리가 보는 이미지 또는 영상이 몇 개의 픽셀로 구성되어 있는지를 나타내는 것이 해상도입니다. 영상이나 이미지를 계속 확대하면 빛을 내는 작은 사각형이 모여서 하나의 이미지를 표현하고 있다는 걸 알 수 있는데, 이 작은 사각형 1개를 바로 픽셀이라고 부릅니다. 픽셀의 개수가 많을수록 이미지가 선명하게 보이며 '해상도가 높다', '화질이 좋다'라고 표현을 합니다. FHD(1920x1080)는 가로 1920개의 픽셀과 세로 1080개의 픽셀을 지녔다는 의미입니다.

더 알아보기 **영상 편집 시 확대를 할 예정이라면, 편집하려는 해상도보다 해상도를 높여서 촬영하세요**

특정 부분을 확대해서 영상 화면을 늘리면 해상도가 낮아져 화질이 저하됩니다. 영상이 FHD 해상도라면 촬영 시 FHD (1920x1080) 해상도보다 2배 높은 해상도인 4K UHD(3840x2160) 해상도로 촬영한 뒤 화면을 축소하여 확대하는 장면을 만들면 화면 깨짐을 줄일 수 있습니다.

❶ 프레임 : 동영상을 이루는 이미지 한 장 한 장을 프레임이라고 말합니다. 이러한 이미지들이 빠르게 지나가면서 움직이는 것처럼 보이는 것이 바로 영상입니다. 영상의 1초 동안 몇 장의 프레임으로 재생될 지 비율로 말하는 단위를 프레임 레이트(FPS : Frame Per Second)라고 표현합니다. 제일 많이 사용하는 30fps(29.97fps)는 1초에 30장의 그림을 보여주는 거라고 생각하시면 됩니다.

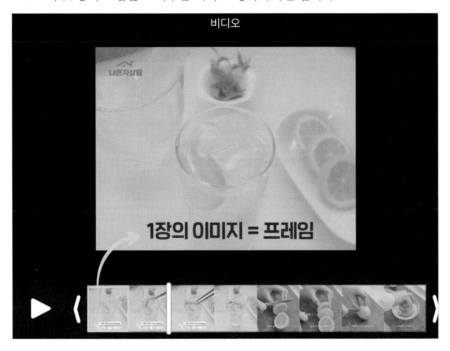

1 안드로이드 스마트폰 동영상 해상도와 프레임 설정 방법 (갤럭시 노트 10 기준)

❶ 카메라 앱을 실행해 톱니바퀴 모양의 설정 버튼을 클릭한 뒤 [동영상] - [후면 동영상 크기]를 클릭합니다.

❷ 16:9 비율 아래쪽에 있는 화살표 버튼을 클릭하여 원하는 해상도와 프레임을 선택합니다.

2 아이폰 동영상 해상도와 프레임 설정 방법(아이폰11 기준)

❶ 설정 메뉴에서 [카메라] - [비디오 녹화]를 클릭합니다.

❷ 원하는 해상도와 프레임을 선택합니다.

더 알아보기   아이폰 동영상 해상도와 프레임을 빠르게 변경하는 방법

카메라 앱을 실행하고 비디오 모드로 변경한 뒤, 우측 상단의 HD · 30이라는 영역을 클릭하면 해상도와 프레임을 바로 변경할 수 있습니다.

③ 카메라 해상도 설정 방법(소니 a6400 기준)

❶ 메뉴 버튼을 눌러 카메라 설정 창을 불러옵니다. [카메라2] - [동영상1] - [파일 형식]을 선택합니다. [파일 형식]에서 원하는 해상도를 선택하시면 됩니다. 일반적으로 FHD 촬영 시 [XAVC S HD]를 선택합니다.

❷ 이번에는 프레임을 설정해보겠습니다. 설정 창에서 [카메라2] - [동영상1] - [녹화 설정]을 선택합니다. [녹화 설정] 메뉴에서 원하는 프레임을 선택합니다. 뒤에 p라고 붙은 것이 프레임의 표기입니다.

2 포커스 설정하기

촬영 시 제품이 선명하게 보이도록 포커스를 조절하면서 진행해야 합니다. 요즘에는 기술의 발달로 포커스를 자동으로 잡아주지만, 종종 원하지 않는 곳에 포커스되어 흐릿할 때가 있습니다. 의도적인 것이 아니라면, 촬영을 시작하기 전에 제품이 선명하게 보이도록 포커스를 잘 설정한 후 진행해야 합니다.

1 스마트폰 포커스 설정 방법

❶ 스마트폰 카메라는 자동으로 포커스하며, 수동으로 조절하고 싶을 땐 원하는 지점을 터치하면 됩니다. 그 지점으로 포커스되며 영역 표시가 나타납니다.

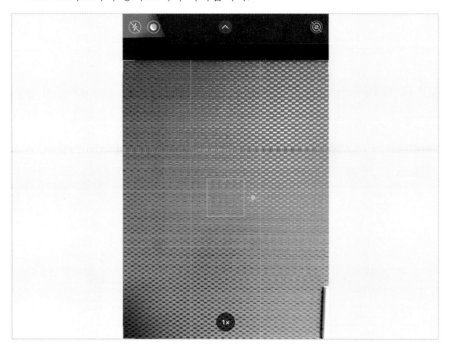

2 카메라 포커스 설정 방법

❶ 메뉴 버튼을 눌러 카메라 설정 창을 불러옵니다. [카메라1] - [5번째 페이지로 이동 후 AF1] - [초점 영역]을 선택합니다.

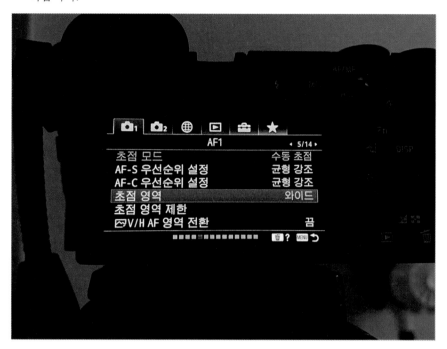

❷ 초점 영역 메뉴에서 원하는 초점 영역을 선택하여 촬영 환경에 맞게 설정할 수 있습니다.

카메라 샷과 앵글 알아보기

멋진 영상은 촬영이 50%, 편집이 50%라는 말이 있듯이 성공적인 광고 영상을 만들기 위해서는 촬영하는 방법도 알아야 합니다. 장면의 분위기에 따라서 카메라의 위치와 구도를 달리하여 촬영하면 더욱 멋스러운 영상을 만들 수 있습니다.

1 카메라 샷의 종류

영상을 촬영할 때 장면의 분위기와 상황에 따라서 다양한 카메라 샷을 사용합니다. 카메라 샷이란 무엇일까요? 바로, 카메라의 위치나 각도에 따라 달라지는 장면을 말합니다. 가장 많이 사용하는 카메라 샷의 종류를 알아보겠습니다.

❶ 익스트림 롱 샷(Extreme Long Shot) : 아주 멀리 있는 풍경을 촬영할 때 사용하는 샷으로, 공간의 분위기가 잘 담깁니다. 주로 인물보다는 배경을 보여주기 위해서 사용합니다. 영화 도입부에서도 많이 사용됩니다.

❷ 롱 샷(Long Shot) : 익스트림 롱 샷보다는 가깝지만, 다소 먼 거리에서 인물과 배경을 함께 포함하여 촬영할 때 사용합니다. 인물이 위치하고 있는 장소와 전체적인 상황을 표현하기 좋습니다.

❸ 풀 샷(Full Shot) : 풀 샷은 말 그대로 인물의 전신을 촬영한 샷입니다. 인물의 전체 모습과 행동과 인물의 상태를 강조하고 싶을 때 사용하면 좋습니다.

❹ 니 샷(Knee Shot) : 인물의 무릎 높이까지 촬영한 샷입니다. 인물의 행동을 보여주고 싶을 때 사용하면 좋습니다.

❺ 웨이스트 샷(Waist Shot) : 인물의 허리까지 촬영한 샷입니다. 미디움 샷이라고도 부릅니다. 영상을 촬영할 때
   많이 사용하며 안정적이라는 특징이 있습니다.

❻ 클로즈 업(Close-up) : 확대해서 촬영하는 샷입니
다. 인물의 표정이나 또는 제품 촬영 시 특정 부분을
강조하고 싶을 때 사용하면 좋습니다.

2 카메라 앵글의 종류

앵글은 촬영하려는 대상과 카메라 높낮이로 인한 각도로 장면의 분위기를 연출하는 또다른 방법입니다. 앵글을
적절하게 활용하면 영상에서 전달하려는 내용의 분위기를 효과적으로 전달할 수 있기 때문에 다양한 앵글을 활용
할 줄 아는 것이 좋습니다.

❶ 하이 앵글(High Angle) : 피사체보다 높은 위치에서 내려다보는 각도로 촬영하는 앵글을 말합니다. 내려다보
는 각도이기 때문에 피사체를 연약하게 표현하고 싶을 때나 관찰자적인 시점에서 사물이나 인물을 보는 표현
을 할 때 활용하면 좋습니다.

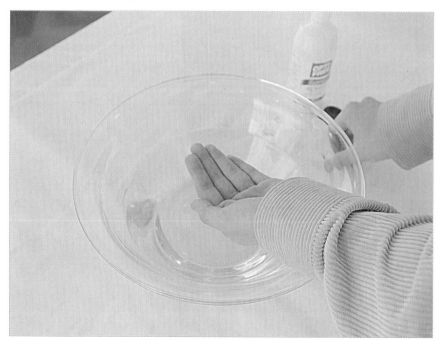

❷ 수평 앵글(Horizontal Angle) : 피사체와 동일한 눈높이에서 촬영하는 앵글을 말합니다. 동일한 높이에서 촬영하기 때문에 안정적인 분위기를 담기 좋습니다. 수평 앵글에서만 촬영을 진행하게 되면 영상에 다소 지루한 느낌을 줄 수도 있으니 주의하시는 것이 좋습니다.

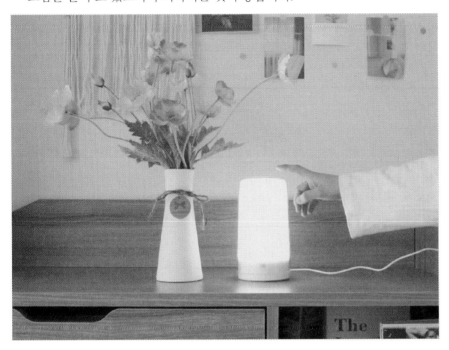

❸ 로우 앵글(Low Angle) : 피사체를 위로 올려다보는 각도로 촬영하는 것을 말합니다. 로우 앵글은 대상을 권위적이고 웅장하게 표현하고 싶을 때 사용하면 좋습니다.

영상을 멋스럽게 만드는 촬영 기법

영상 촬영 기법을 알아봅시다. 또한 폰트, 영상 소스, 이미지 등을 다운로드 받는 방법도 소개합니다.

❶ 영상 시작 지점과 종료 지점에 1~2초 정도의 여유 두기 : 컷 편집을 원활하게 하기 위해서 1~2초 정도 여유를 두고 촬영을 하면 좋습니다. 종료지점에서도 1~2초 정도 여유를 두고 녹화를 해야 추후 편집할 때 자르고 붙이는 등의 과정이 수월합니다.

❷ 흔들림을 최소화하여 촬영하기 : 촬영할 때는 가급적 삼각대를 이용하는 것이 좋습니다. 카메라가 고정되어 흔들림 없이 안정적인 영상이 됩니다. 부득이하거나 손으로 카메라를 들고 촬영해야 하는 연출이라면, 손의 떨림으로 인한 흔들림을 최소화해야 합니다. 3가지 방법을 소개합니다.

ㄱ. 팔꿈치를 몸에 붙여서 촬영한다.

ㄴ. 주변 사물을 이용해 팔꿈치를 고정시켜 촬영한다.

ㄷ. 걸어서 촬영할 경우 보폭을 좁게 여러 번 움직이기보다는 보폭을 넓게 하여 천천히 이동하며 촬영한다.

❸ 피사체가 움직이는 방향으로 카메라도 함께 이동하기 : 영상에 역동적인 느낌을 주고 싶을 때는 대상이 움직이는 방향과 동일한 방향으로 카메라 움직임도 이동합니다. 아주 간단한 방법이지만, 영상에 생동감을 줄 수 있습니다.

❹ 장면당 2번 이상 각각 다른 앵글로 촬영하기 : 한 장면을 최소 2번 각각 다른 앵글로 촬영하면, 편집 시 영상의 지루함을 덜어주기 위한 소스로 사용할 수 있습니다. 같은 장면이라도 다른 각도에서도 보여주면 시청자에게 다른 장면을 보는 것처럼 신선한 느낌을 전달할 수 있습니다.

❺ 사전 동선 파악 및 연출 등 리허설 진행하고 촬영하기 : 리허설 진행 후 촬영을 진행하게 되면 카메라 구도, 위치, 동선 등을 미리 파악할 수 있어 촬영 결과물의 흔들림도 많이 줄어들게 됩니다. NG도 줄어드니, 촬영과 영상 컷 편집 작업 시간을 단축할 수 있습니다.

❻ 영상 촬영 시 다양한 움직임을 주기 : 영상을 촬영할 때 제품이나 카메라 움직임이 고정된 상태로 촬영을 하게 되면 정적인 느낌이 그대로 영상에 담깁니다. 그렇기 때문에 제품, 모델의 행동, 배경 소품 등을 활용하거나, 카메라의 구도, 카메라의 움직임을 넣어주면 영상을 더욱 생동감 있게 만들 수 있습니다.

영상의 퀄리티를 높이는 디자인 소스 사이트

1. 영상 소스 사이트

① Pixabay(https://pixabay.com) : 상업적으로 사용할 수 있는 무료 사진, 영상 클립 등의 소스를 다운로드 받을 수 있는 사이트 입니다. 2.2백만 개의 사진, 일러스트, 벡터, 비디오, 음악파일을 보유하고 있다고 합니다.

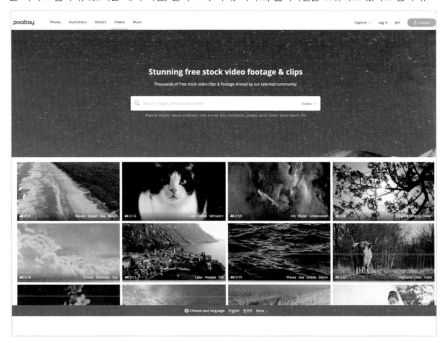

② Cover(https://coverr.co) : 상업적으로 사용할 수 있는 무료 영상 클립을 다운로드 받을 수 있는 사이트입니다. 영상의 테마를 카테고리별로 구분해 놓아서 원하는 류의 영상을 쉽게 찾을 수 있습니다.

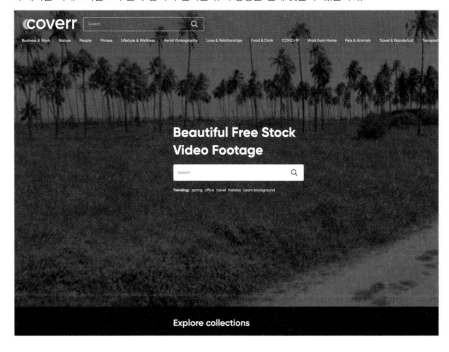

③ Pexels(https://www.pexels.com/videos/) : 상업적으로 활용할 수 있는 무료 이미지와 영상 클립을 다운로드 받을 수 있습니다. 원하는 해상도로 다운로드 받을 수 있어서 활용도가 높습니다.

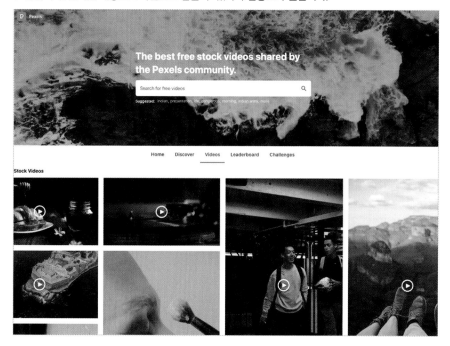

2. 폰트 소스 사이트

① 눈누(https://noonnu.cc) : 상업적으로 사용할 수 있는 무료 폰트를 정리한 사이트로, 무료 폰트를 손쉽게 다운로드 받을 수 있습니다. 선택한 폰트를 설치하기 전에, 원하는 문구를 입력해 미리 디자인을 확인할 수 있어서 폰트를 선택 하기가 수월합니다. 폰트마다 라이선스를 확인하기도 쉽게 만들어져 있습니다.

② 네이버 소프트웨어(https://software.naver.com/main.nhn) : 다양한 소프트웨어를 다운로드 받을 수 있는 곳입니다. 그중에서 폰트 카테고리를 활용합니다. 카테고리 내에서 원하는 폰트를 클릭하면 다운로드 받을 수 있습니다. 상업적 이용이 제한된 폰트가 있으므로 라이선스를 반드시 확인해야 합니다.

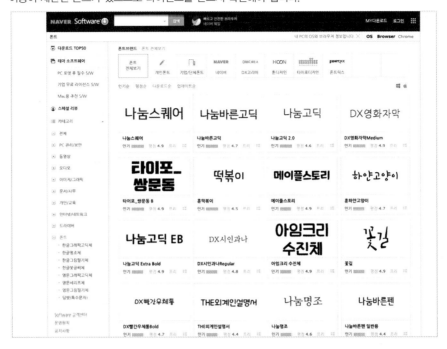

3

프리미어 프로의 설치 및
기본 기능 살펴보기

CHAPTER **1**

프리미어 프로
설치하기

촬영한 영상물을 편집 프로그램으로 편집해야 합니다.
이 책에서는 프리미어 프로를 이용합니다. 설치해볼까요?

프리미어 프로 설치 방법 　SECTION 16

16 프리미어 프로 설치 방법

영상 편집 프로그램은 여러 가지가 있겠지만, 여기서는 어도비 코리아의 프리미어 프로를 설치하는 방법에 대해서 알아보겠습니다.

❶ [어도비 코리아]를 검색해 사이트에 들어갑니다. 오른쪽 상단의 [로그인]을 클릭해 로그인을 하거나 [계정 만들기]로 계정을 생성합니다. (https://www.adobe.com/kr)

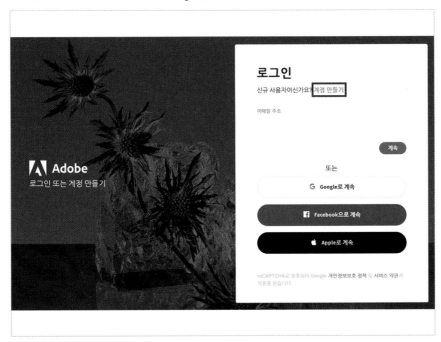

❷ 로그인 후 상단 메뉴 [지원] - [다운로드 설치] 메뉴를 선택합니다.

❸ 나타난 프로그램 중 [Premiere Pro] 아이콘을 찾은 후 [무료 체험판 시작]을 선택합니다

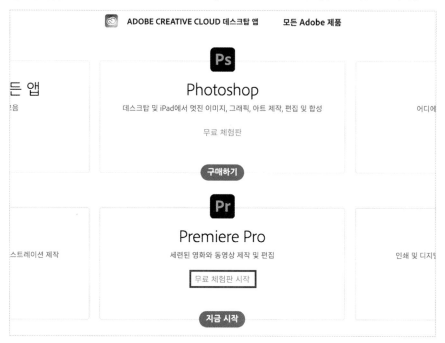

❹ 무료로 체험판을 시작하기 위해서는 [결제 방법 추가] 항목에서 결제 정보들을 입력해야 합니다. 결제 정보 입력이 완료되면 오른쪽 체험할 상품을 선택합니다.

더 알아보기 기간은 등록 직후 시작되며, 무료 체험 기간이 종료되면 입력한 결제 수단으로 결제가 진행되니, 원하지 않으신다면 무료 체험 기간이 종료되기 전에 취소하셔야 합니다.

❺ 어도비의 클라우드 프로그램인 Creative Cloud가 없으신 분들은 해당 프로그램이 먼저 설치됩니다. 설치가 완료되면 Creative Cloud를 실행한 뒤 [Premiere Pro]를 찾은 후 [설치]합니다.

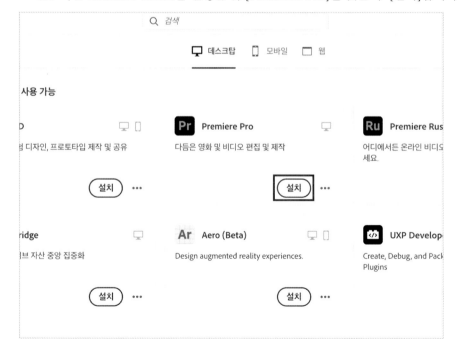

CHAPTER **2**

프로젝트와 시퀀스

프리미어 프로를 사용할 때 가장 먼저 해야 할 것들이 있습니다.
프로젝트 파일을 생성하는 것과 업로드할 매체를 생각하여 시퀀스를
제작하는 것입니다. 그 방법을 알아보겠습니다.

1 프로젝트 생성하기

프리미어 프로 시작화면에서 [새 프로젝트]를 클릭합니다. 프리미어 프로 시작 화면이 나타나지 않는다면 프리미어 프로 상단 메뉴에서 [파일] - [새로 만들기] - [프로젝트]를 클릭하면 [새 프로젝트] 창이 동일하게 나타납니다.

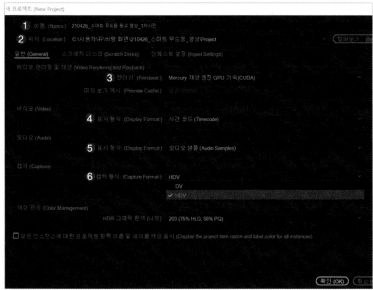

❶ [새 프로젝트] 화면이 나타나면 [이름]에 프로젝트 이름을 입력합니다. 프로젝트 파일 이름은 년/월/일 + 영상
파일명 + 영상 수정 횟수(수정 시)로 설정합니다. 영상 수정 횟수까지 입력해 놓으면 추후 프로젝트 파일을 찾
아서 수정할 때 마지막으로 수정된 프로젝트를 한 번에 파악할 수 있어 편리합니다.

❷ [위치]에서 [찾아보기]를 클릭합니다. 프로젝트 파일을 저장할 곳을 선택한 후 [선택]으로 프로젝트 파일 저장
위치를 설정합니다.

❸ [비디오 렌더링 및 재생] - [렌더러 : Mercury 재생 엔진 GPU 가속]을 선택합니다. 비디오 렌더링 및 재생은
작업 완료 후의 렌더링이나 편집 도중에 영상을 플레이백 할 때 사용하는 엔진을 설정하는 영역입니다. Mer-
cury 재생 엔진 GPU 가속을 사용하면 GPU를 활용하기 때문에 좀 더 원활한 진행이 가능합니다.

❹ [비디오] - [표시 형식] - [시간 코드]를 선택합니다. [비디오]에서는 영상 또는 이미지를 편집할 때 클립의 길이
를 표시하는 단위를 무엇으로 할지 결정합니다. 시간 코드를 선택하면 시/분/초/프레임으로 표시됩니다.

❺ [오디오] - [표시 형식] - [오디오 샘플]을 선택합니다. [오디오]에서는 오디오 파일을 표시하는 방식을 선택합
니다. 오디오 샘플을 선택하면 시/분/초로 시간을 표시합니다.

❻ [캡처] - [캡처 형식] - [HDV]로 설정합니다. 캡처 형식을 사용하는 옵션입니다. 8mm나 6mm 테이프로 촬영
한 경우에만 신경쓰는 곳으로 보통은 HDV를 선택하시면 됩니다.

모든 과정을 거쳤으면 [확인]을 눌러 프로젝트 파일을 생성합니다.

2 프로젝트 저장하기

영상 작업을 진행하면서 수시로 저장 버튼을 눌러 현재 작업중인 프로젝트 파일을 저장해야 합니다. 저장을 하지 않고, 영상 작업을 진행하게 되면 프로그램에서 오류가 발생하게 되었을 때, 작업했던 결과물이 남아있지 않고, 사라지는 경우가 발생하게 됩니다. 처음부터 다시 작업하는 상황을 예방하기 위해서 수시로 저장하는 습관이 필요합니다.

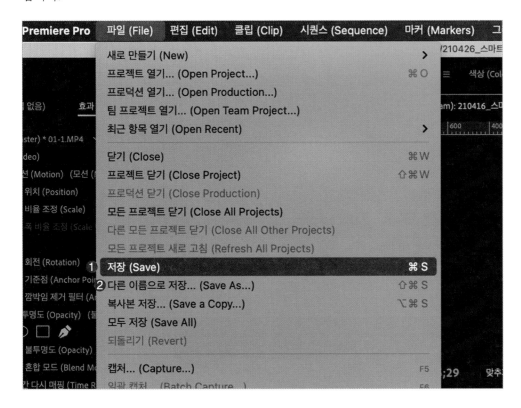

❶ 기존 위치에 저장하기 Ctrl + S

상단 메뉴에서 [파일] - [저장]을 누릅니다. 해당 저장 방식은 프로젝트 파일을 생성했던 위치에 프로젝트 파일을 그대로 덮어쓰기 하여 저장하는 방식입니다.

❷ 다른 이름으로 저장하기 Ctrl + Shift + S

상단 메뉴에서 [파일] - [다른 이름으로 저장]을 누르면 프로젝트 이름을 변경하여 저장할 수 있습니다. 해당 저장 방식은 변경된 이름으로 새롭게 프로젝트 파일이 생성이 되며, 다른 이름으로 저장한 상태에서 작업을 하고 저장을 하면 기존에 있던 프로젝트 파일이 아닌 새로 설정한 이름의 프로젝트 파일에 덮어쓰기 되어 저장됩니다.

▶ 여기서 잠깐!
프로그램은 수시로 업데이트되므로 사용하는 버전에 따라 달라질 수 있습니다. 상위 버전에서 저장한 프로젝트 파일은 하위 버전에서 열리지 않는 경우도 있습니다.

프로젝트 불러오기

종료한 작업을 다시 진행할 때는 저장한 프로젝트 파일을 불러옵니다. 프로젝트 파일을 불러오는 방법에 대해서
알아보겠습니다.

❶ 시작화면에서 불러오기 : 시작화면에서 [프로젝트 열기]를 클릭합니다. 프로젝트가 저장된 경로로 이동하여 프
로젝트를 선택한 후 [열기]를 클릭하면 실행됩니다.

❷ 메뉴를 이용해 불러오기 : 메뉴에서 [파일] - [프로젝트 열기]를 클릭합니다. 프로젝트가 저장된 경로로 이동하여 프로젝트를 선택한 후 [열기]를 클릭하면 실행됩니다.

더 알아보기 **자동 저장 기능 활용하기**

모든 컴퓨터 작업은 저장을 습관화하는 것이 좋습니다. 하지만 저장 버튼을 누르는 걸 놓치는 경우가 종종 있다면 자동 저장 기능을 사용하면 좋습니다. [환경 설정]에서 자동 저장 기능을 체크합시다.

① [Premier Pro] - [환경설정] - [자동 저장]을 선택합니다. Windows는 [편집] - [환경설정] - [자동 저장]을 선택합니다.

② [자동 저장] 화면에서 [프로젝트 자동 저장]을 체크합니다. [자동 저장 간격] - [15분]을 입력하고 [최대 프로젝트 버전] - [20]을 입력합니다.
  · [자동 저장 간격] : 자동 저장의 시간 간격을 지정합니다.
  · [최대 프로젝트 버전] : 프로젝트를 최대 몇 개까지 자동 저장할지 지정합니다.

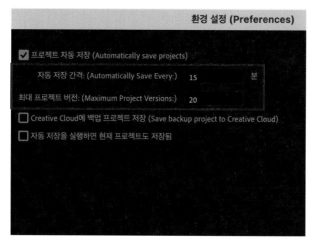

③ [확인]을 눌러 [자동 저장] 설정을 저장합니다.

---

❸ 설정이 완료되면 프로젝트 파일 저장 위치 폴더에 [Adobe Premiere Pro Auto-Save] 폴더가 생성되고, 설정한 저장 시간 간격으로 설정한 프로젝트 개수까지 프로젝트 파일이 저장됩니다.

18 시퀀스 생성하기

SNS 광고 영상은 플랫폼별로 콘텐츠 권장 가이드에 맞게 시퀀스를 설정하여 제작해야 합니다. 시퀀스는 쉽게 말하자면, 스케치북이라고 생각하시면 됩니다. 원하는 크기의 스케치북에 그림을 그리듯이, 시퀀스라는 영역이 있어야 영상을 편집할 수 있습니다. 유튜브에서 가장 많이 사용되는 영상 규격은 FHD(1920x1080), 가로와 세로의 비율 16:9, 29.97fps입니다. 이 규격으로 시퀀스를 생성해보겠습니다.

1 시퀀스 생성하기

❶ 생성한 프로젝트를 열고 메뉴 바에서 [파일] - [새로 만들기] - [시퀀스] 메뉴를 선택하면 [새 시퀀스] 설정 화면이 나타납니다. 혹은 프로젝트 패널 아래의 [새 항목] - [시퀀스]를 선택합니다.

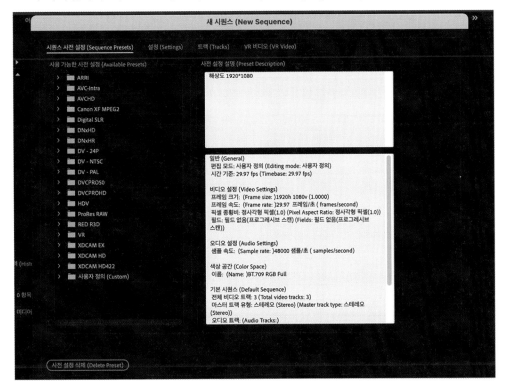

❷ [사용 가능한 사전 설정] - [HDV] - [HDV 1080p30] 프리셋을 선택한 후 하단에 [시퀀스 이름]을 [시퀀스 생성하기]로 입력합니다.

❸ 프리셋은 미리 설정이 잡혀 있는 템플릿을 말합니다. 이것저것 설정하지 않고 한번에 원하는 설정으로 진행할 수 있습니다. [설정] 메뉴에서 항목을 수정할 수 있습니다.

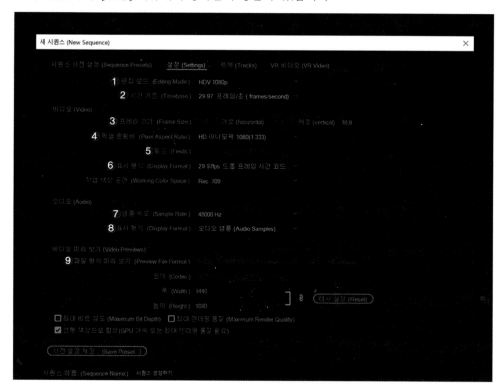

❶ 상단의 [새 시퀀스] 창의 메뉴 중에서 [설정]을 선택하여 세부 설정을 변경해보겠습니다. 우선 [편집 모드] - [사용자 정의]를 선택합니다.

❷ [시간 기준] - [29.97 프레임/초]를 선택합니다.

> **더 알아보기** 시간 기준은 촬영할 때 설정한 영상의 프레임과 동일하게 설정하시면 됩니다.

❸ [비디오]는 시퀀스의 생성 설정 관련한 창입니다. [프레임 크기] 가로 : 1920, 세로 : 1080으로 입력합니다. 프레임 크기는 영상의 크기인 해상도를 입력해주시면 됩니다.

❹ [픽셀 종횡비] - [정사각형 픽셀(1.0)]으로 설정합니다. 픽셀 종횡비는 영상 화면을 구성하는 1개 픽셀의 비율입니다. 일반적인 광고 영상에서는 [정사각형 픽셀(1.0)]으로 설정합니다.

❺ [필드] - [필드 없음(프로그레시브 스캔)]을 선택합니다.

❻ [표시 형식] - [29.97fps 드롭 프레임 시간 코드]를 선택합니다.

> **더 알아보기** **필드와 표시 형식이란?**
> 필드는 영상을 화면에 주사하는 방식을 선택하는 설정입니다. 가장 기본이 되는 설정이 [필드 없음(프로그레시브 스캔)]입니다. 표시 형식에서는 타임라인 패널에 표시되는 시간 정보를 설정합니다.

❼ [오디오]는 타임라인의 오디오에 관한 부분을 설정하는 항목입니다. [샘플 속도] - [48000Hz]를 선택합니다.

❽ [표시 형식] - [오디오 샘플]을 선택합니다.

> **더 알아보기** **샘플 속도와 오디오 샘플이란?**
> 샘플 속도는 오디오의 주파수를 설정하는 기능으로 일반적으로 [48000Hz]를 사용합니다. 오디오 샘플은 오디오의 시간을 표시하는 방식입니다.

❾ [비디오 미리보기]는 작업 중 편집한 영상을 미리보기 할 때 미리보기 화면의 해상도와 코덱을 설정하는 곳입니다. [파일 형식 미리보기] - [I-프레임 전용 MPEG] : Width 1920, Height 1080으로 설정합니다.

> **더 알아보기** **비디오 미리 보기에 대해서 알아볼까요?**
> [파일 형식 미리보기는 미리보기 할 때 사용하는 포맷입니다.
> • [폭(Width)] : 미리보기 시 영상의 가로 폭을 설정합니다. [프레임 크기]의 설정 값에 따라서 자동으로 변경됩니다.
> • [높이(Height)] : 미리보기 시 영상의 세로 높이를 설정합니다. [프레임 크기]의 설정 값에 따라서 자동적으로 변경됩니다.

❹ [확인]을 선택하면 시퀀스 창이 사라지고, 프로젝트 패널에 [시퀀스 생성하기] 시퀀스가 생성된 것을 확인할 수
있습니다.

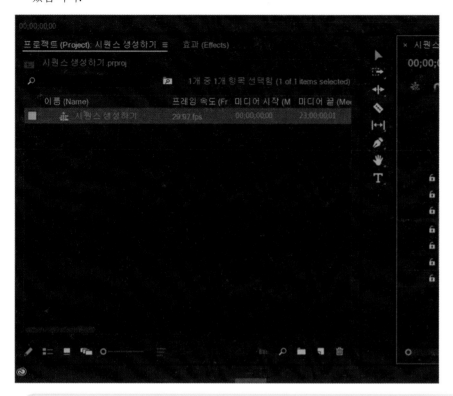

더 알아보기 원하는 항목으로 수정한 시퀀스 설정을 나중에도 사용하고 싶다면?

① 원하는 시퀀스 항목으로 설정을 한 후에 [사전 설정 저장]을 클릭합니다.

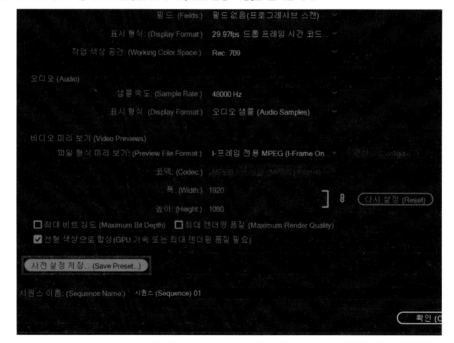

② |시퀀스 사전 설정 저장| 창이 나타나면 [이름]을 작성하고 [설명]에는 시퀀스에 대한 정보인 해상도, 프레임 등을 입력한 후 [확인]을 클릭합니다.

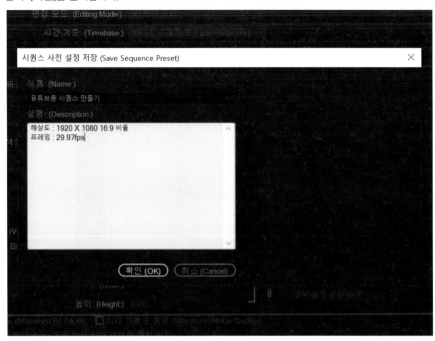

③ [사용 가능한 사전 설정] 메뉴 중 하단의 [사용자 정의] 폴더를 클릭하면 직접 설정한 이름으로 새로운 시퀀스가 생성된 것을 확인할 수 있습니다.

프리미어 프로 영문/한글 혼용 방법 알아보기

① 새 프로젝트를 만들거나 작업 중이던 프로젝트를 불러옵니다. 작업영역 화면에서 Ctrl+F12를 누르면 [콘솔] 화면이
   나타납니다.

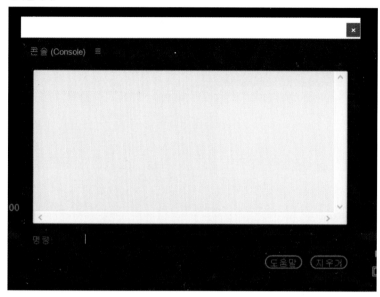

② [콘솔] 창에서 버튼을 클릭한 후 [Debug Database View] 메뉴를 선택합니다. 나타난 [Debug Database View] 검
   색창에 Language를 입력합니다.

③ 현재 프리미어 프로가 한글판이라면 [Application Language: ko_KR]로 되어 있습니다. 이 설정은 그대로 유지하고 하단에 [Application Language Bilingual]을 체크하여 [Application Language Bilingual: true]로 변경합니다.

④ 현재 프리미어 프로가 영문판이라면 [Application Language: en_US]를 [Application Language : ko_KR]로 변경합니다. 하단의 [Application Language Bilingual]을 체크하여 [Application Language Bilingual: true]로 변경합니다.

⑤ 버전에 맞게 설정 값을 수정했다면 프리미어 프로를 완전히 종료한 후 재실행 합니다. 메뉴들이 설정한 언어로 변경된 것을 확인할 수 있습니다.

CHAPTER **3**

프리미어 프로
소스 관리 방법

프리미어 프로를 사용해서 영상 편집을 진행하기에 앞서,

영상에 사용될 소스, 음원, 그래픽 이미지 등을 관리하는 방법을 알아봅시다.

그 이유는 [프리미어 프로젝트 파일]과 연관이 있습니다.

19 | 꼭 알아야 할 소스 관리 방법

프로젝트 파일로 불러오는 영상 소스들은 각각 고유의 링크로 연결됩니다. 소스가 삭제되거나 위치가 변경되면 프로젝트 실행 시 오류 창이 나타납니다. 소스를 효율적으로 관리하는 방법에 대해서 알아보 겠습니다.

프로젝트 파일은 쉽게 말하면 영상 편집 과정에서 사용되는 영상 소스·이미지·배경음 등 다양한 파일을 보관하고, 해당 소스들로 편집할 수 있도록 작업 공간을 만들어 주는 파일입니다. 더해서 주요한 특징이 하나 있는데, 프로젝트에 들어가는 모든 소스 파일들이 고유의 링크로 프로젝트에 연결된다는 것입니다.

따라서 프로젝트 파일로 소스를 불러온 이후로 소스의 위치나 이름을 변경하거나 삭제하면 링크가 변동되어 프로젝트 파일에서 소스를 읽어낼 수 없어 오류가 발생합니다. 이러한 사태를 방지하기 위해서 영상 편집을 시작하기 전 영상에 사용할 소스 파일들을 따로 정리한 뒤 시작하는 것이 좋습니다. 소스를 하나의 폴더에 함께 정리하면, 소스의 관리와 사용이 매우 편리해집니다.

▲ 프로젝트 파일 실행 시 발생하는 오류

❶ 새로운 폴더를 하나 생성합니다. 폴더 이름을 프로젝트명으로 변경합니다.

더 알아보기 영상 폴더 이름 설정 방법

> 년/월/일 + 영상 파일명으로 설정하면 좋습니다. 이름에 날짜를 붙이게 되면, 나중에 다른 영상과 폴더 이름이 중복되지 않을뿐더러 영상을 찾을 때도 수월합니다.

❷ 생성된 폴더를 클릭하여 폴더 안에 4개의 폴더를 생성합니다. 각 폴더의 이름을 Project, Video, Bgm, Image 로 변경합니다.

ㄱ. Project 폴더 : 프로젝트 파일을 모아 놓을 폴더입니다. 프리미어 프로에는 자동 저장 기능이 있는데, 해당 기능을 설정하면 [Adobe Premiere Pro Auto-save]라는 폴더가 생기며 자동 저장 설정한 사이클에 따라 프로젝트 파일이 쌓입니다. 처음 프로젝트 파일을 저장한 위치에 자동적으로 저장되기 때문에 Project 폴더를 활용하시면 파일 관리가 수월합니다.

ㄴ. Video 폴더 : 영상 편집에 사용할 영상 파일을 모아 놓을 폴더입니다. 소스를 추가하는 작업을 많이하게 되는데, 경로를 찾는 등의 시간 소요를 줄일 수 있습니다. 편집에 사용될 순번대로 정리해두면 더욱 시간을 단축할 수 있습니다.

ㄷ. BGM 폴더 : 영상에 사용되는 배경음, 효과음 등을 정리할 폴더입니다.

ㄹ. Image 폴더 : 영상에 사용되는 모든 이미지들을 정리할 폴더입니다.

❸ 각각의 폴더의 특성을 고려하여 영상 편집 제작 과정에 필요한 소스를 정리합니다.

❹ 영상 편집을 완료한 후 최종적으로 출력한 영상을 [Project] 폴더에 함께 보관합니다.

더 알아보기 프로젝트 실행 오류 해결 방법

영상에 사용된 소스의 위치, 이름이 변경되거나 삭제되면 위의 이미지처럼 [미디어 연결]이라는 오류 메시지가 나타납니다. 이런 메시지가 나타났을 때 해결 방법은 간단합니다. 바로 문제가 된 소스의 변경된 경로를 찾아서 다시 연결하면 됩니다.

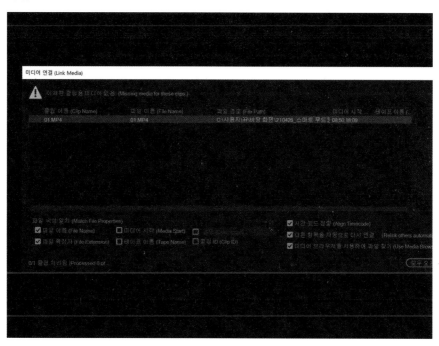

① 클립 이름 옆에 [√] 표시가 없는 경우 소스를 찾을 수 없다는 뜻이므로 이런 클립들만 찾아서 경로를 연결시키면 됩니다. 오른쪽 하단 [찾기]를 선택합니다.

② [파일 찾기] 창이 나타나면 영상 소스가 있는 폴더로 가서 연결할 소스를 선택합니다. 소스를 선택한 후 [확인]을 클릭합니다.

20 영상 편집을 위한 소스 불러오기

프로젝트 파일로 필요한 소스를 불러오는 방법에 대해서 알아보겠습니다. 소스의 확인 및 정리의 방법도 함께요!

영상 편집에 필요한 다양한 소스를 프리미어 프로로 불러와야 합니다. 아래의 방법들을 참고하여 자신에게 맞는 것을 선택해 사용하세요.

❶ 메뉴 바에서 [파일] - [가져오기]를 클릭하면 탐색기 창이 나타납니다. 소스가 있는 위치로 이동하여 파일을 선택한 뒤 [가져오기]를 클릭하면 [프로젝트] 패널에 소스가 추가됩니다.

❷ [프로젝트] 패널에서 [시작하기 위해 미디어 가져오기] 부분을 더블클릭하거나 우클릭하여 [가져오기]를 선택하면 탐색기 창이 나타납니다. 소스가 있는 위치로 이동하여 파일을 불러올 수 있습니다.

❸ 컴퓨터의 탐색기로 소스가 있는 위치로 이동한 뒤 파일을 [프로젝트] 패널로 드래그합니다.

더 알아보기　**소스는 정리가 필요합니다**

광고 영상을 제작할 때 굉장히 많은 미디어 소스를 사용합니다. [프로젝트] 패널은 한정된 공간이기 때문에 효율적으로 작업하기 위해서는 불러온 미디어 소스들을 정리하여 관리하는 것이 좋습니다.

① [폴더]를 통째로 불러와 관리하기 : 소스가 담긴 폴더를 통째로 불러오는 방법입니다. 각 소스의 형식에 맞게 폴더별로 구분한 뒤 폴더를 통째로 불러오면 헷갈리지 않고 활용할 수 있습니다.

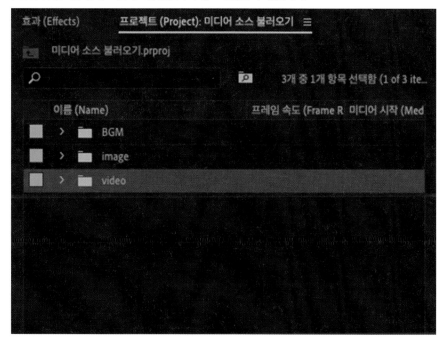

② [프로젝트] 패널에서 폴더로 관리하기 : 프리미어 프로 내에서 폴더를 만들어 소스를 관리할 수 있습니다. [프로젝트] 패널에서 빈 공간에 우클릭하여 [새 저장소]라는 메뉴를 선택합니다. 폴더의 이름을 소스 형식별로 만든 뒤 프로젝트 내 소스를 드래그하여 이동시킵니다.

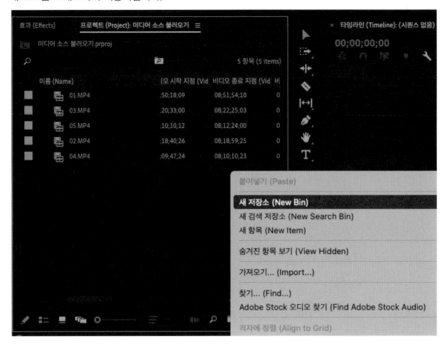

더 알아보기 **[프로젝트] 패널에서 소스의 목록 보기 설정 방법**

[프로젝트] 패널 하단에 ▤ ■ ▦ 아이콘을 통해 불러온 소스 파일을 다양한 방식으로 확인할 수 있습니다.

① 목록 보기 : 첫 번째 아이콘을 클릭하면 불러온 소스의 이름과 파일 형식을 확인하기 수월합니다. 조금 더 자세히 형식을 확인하고 싶다면 [프로젝트] 패널과 [도구] 패널 사이에 마우스를 위치시켜 크기를 변경하면 됩니다.

② 아이콘 보기 : 두 번째 아이콘을 클릭하면, 소스의 썸네일과 이름, 영상의 길이를 확인할 수 있습니다. 썸네일에 마우스를 가져간 후 움직이면 마우스가 움직이는 방향대로 영상이 재생이 되어 영상을 미리 볼 수 있습니다.

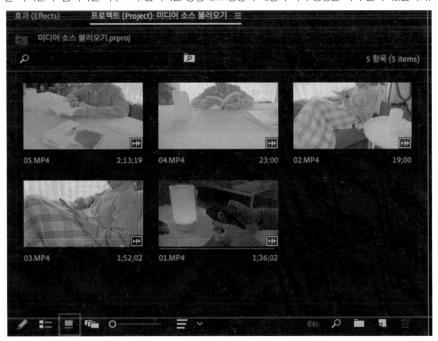

③ 자유형 보기 : 세 번째 아이콘을 클릭하면 소스를 자유롭게 배치할 수 있습니다. 헤당 영상도 이이콘 보기 방식과 동일하게 마우스를 움직이면 영상을 미리 확인 할 수 있습니다. 영상을 크게 보고 싶다면 아이콘 옆의 동그라미를 좌우로 움직여 크기를 변경할 수 있습니다.

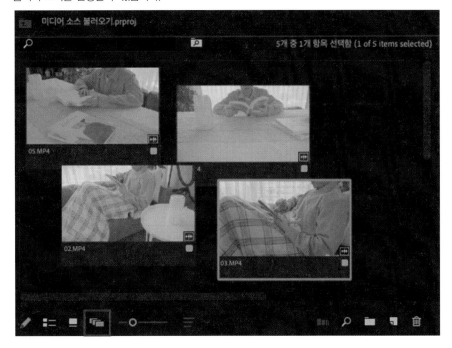

CHAPTER **4**

프리미어 프로의 화면 구성과
나만의 작업 화면 만들기

영상 편집 시 한정적인 화면 때문에 불편할 때가 종종 있습니다.

불편을 최소화하기 위해서 공간을 효율적으로 사용할 방법을 고민해야 합니다.

자신이 자주 사용하는 패널의 종류와 배치, 패턴에 맞게 환경을 조성해보고 저장해봅시다.

21 | 패널 살펴보기/조정하기

프리미어 프로에서 자주 사용되는 패널에 대해 알아보겠습니다. 또한 나만의 작업 스타일에 맞춰서 직접 패널들의 위치를 조정하고 저장하는 방법도 알아보겠습니다.

1 패널 살펴보기

다양한 패널을 알아두어야 영상 편집을 원활히 진행할 수 있습니다. 실제로 영상 편집 과정에서 자주 사용하는 패널을 알아보겠습니다. 프리미어 프로의 편집 화면은 [작업 영역]의 패널 배치에 따라서 레이아웃이 변동됩니다. [편집] 패널 레이아웃 기준으로 알아보겠습니다.

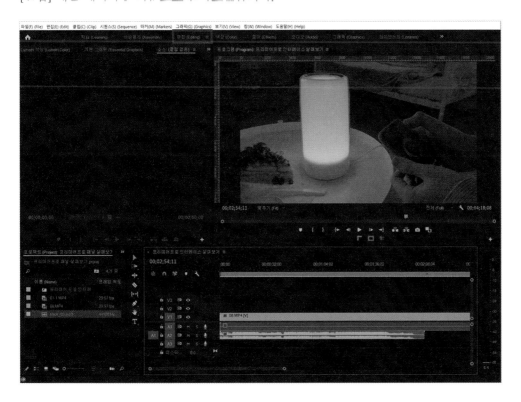

❶ 메뉴 바 : 영상을 편집하기 위한 실행 명령들을 모아 놓은 메뉴입니다.

❷ 작업 영역 패널 : 영상 편집 시 작업 상황에 맞게 최적화된 패널들을 사용하기 편한 레이아웃으로 제공합니다.
상황에 맞게 선택하여 효율적으로 사용할 수 있습니다.

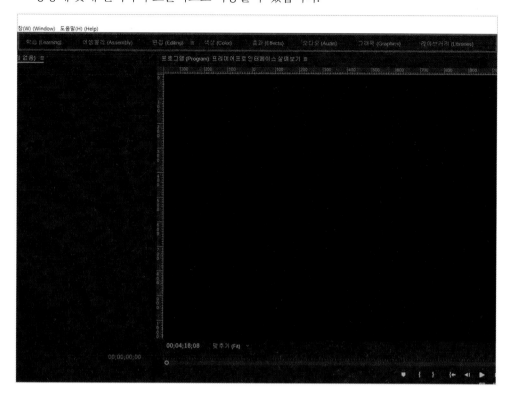

❸ 소스 모니터 패널 : 불러온 미디어 소스들을 편집하기 전에 미리 확인할 수 있는 패널입니다.

❹ 효과컨트롤 패널 : 영상클립의 크기 조절, 모션 효과 등 효과를 세부적으로 다듬는 패널입니다.

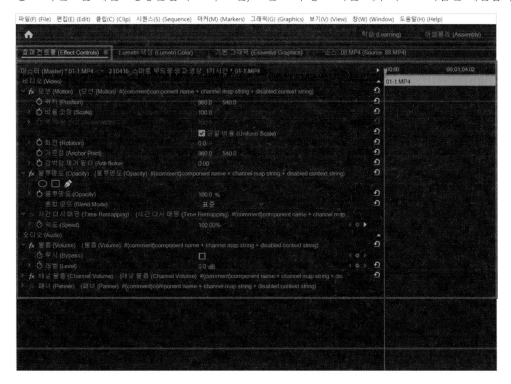

❺ 프로그램 모니터 패널 : 타임라인 패널에서 편집한 영상의 결과물을 확인하는 패널입니다.

⑥ 프로젝트 패널 : 영상을 편집하기 위한 이미지, 영상, 음악 등을 불러오고 관리하는 패널입니다.

❼ 도구 패널 : 영상을 편집하기 위해서 필요한 도구들을 정리해 놓은 패널입니다.

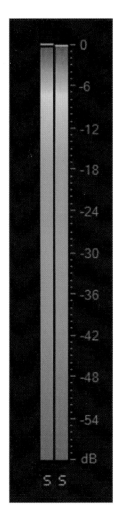

❽ 오디오 미터 패널 : 영상을 재생할 때 영상의 음량을 확인할 수 있는 패널입니다.

더 알아보기 **마우스 없이 키보드로 패널을 이동하자**

① 프로젝트 패널 이동 단축키 : Shift + 1
② 소스 모니터 패널 이동 단축키 : Shift + 2
③ 타임라인 패널 이동 단축키 : Shift + 3
④ 프로그램 모니터 패널 이동 단축키 : Shift + 4

❾ 타임라인 패널 : 실질적으로 영상을 편집하는 패널입니다.

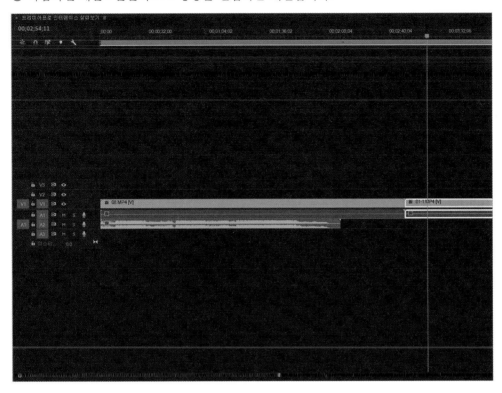

❶ 닫고 싶은 패널을 클릭하면 이름 옆에 █이 나타납니다. 클릭한 뒤 [패널 닫기] 메뉴를 클릭합니다. 패널이 사라지는 것을 확인할 수 있습니다.

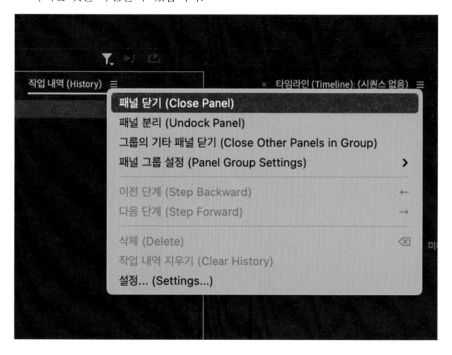

❷ 다시 패널을 나타나게 해봅시다. 메뉴 바에서 [창] 메뉴를 클릭한 뒤 삭제된 패널을 찾아 클릭합니다. ✓로 표시되면 작업 영역에 패널이 나타납니다.

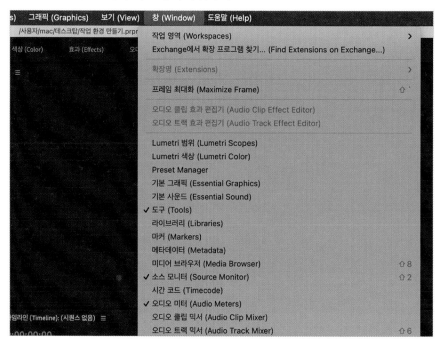

3 원하는 위치와 크기로 패널 조정하기

❶ 이동하고 싶은 패널의 이름을 꾹 클릭한 후 이동하고 싶은 위치로 드래그 합니다. 보라색 영역이 나타나면서 [오른쪽, 왼쪽, 위, 아래, 중간]의 원하는 영역에 패널을 위치시킬 수 있습니다.

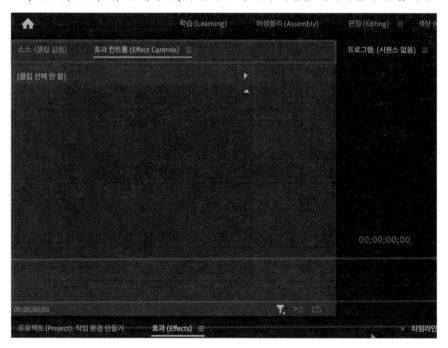

❷ 패널과 패널 사이에 마우스를 가져가면 마우스가 ⊕, ⬌, ≣ 모양으로 변경됩니다. 그 상태에서 클릭한 후 움직이면 패널의 크기를 조절할 수 있습니다.

22 | 나만의 **작업 화면 저장하기**

패널의 위치를 이동하여 나만의 작업 화면을 만들었다면, 해당 설정을 저장하고 관리하는 방법을 알아 보겠습니다.

작업 환경에 맞게 패널을 불러오고, 사이즈를 조절했다면 마지막으로 해야할 일은 지금까지 작업한 레이아웃 환경을 저장하는 것입니다. 매번 수정하지 않고 저장된 레이아웃으로 작업할 수 있습니다.

❶ 메뉴 바 [창] - [작업 영역] - [새 작업 영역으로 저장]을 클릭한 뒤 [새 작업 영역] 창이 나타나면 원하는 이름을 입력한 후 [확인]을 누릅니다.

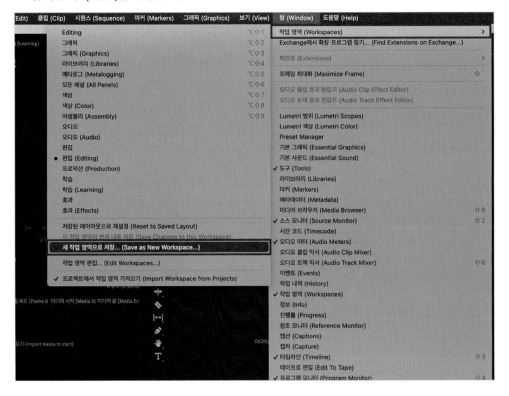

❷ 작업 영역이 저장된 것을 확인하기 위해서는 [창] - [작업 영역]에서 저장한 작업 영역 이름이 있는지 확인하세요.

더 알아보기 레이아웃 되돌리기, 덮어쓰기, 삭제하기

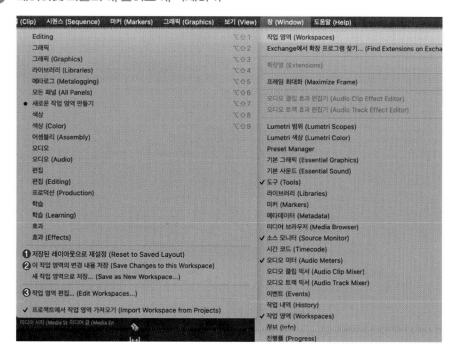

❶ 뒤죽박죽인 레이아웃을 처음 설정으로 되돌리기 : 편집을 하다보면 패널이 여닫히며 레이아웃이 변경되는 경우가 있습니다. 이때 [창] – [작업 영역] – [저장된 레이아웃으로 재설정]을 클릭하면 기존에 저장했던 레이아웃으로 되돌릴 수 있습니다.

❷ 레이아웃 덮어쓰기 : 영상 작업을 진행하다 보면 자주 사용하는 패널이 변동되는 순간이 생깁니다. 이때 작업 영역 레이아웃을 새로 설정 후 기존에 생성된 레이아웃에 덮어쓰기할 수 있습니다. 원하는 대로 레이아웃을 조절한 뒤 [창] – [작업 영역] – [이 작업 영역의 변경 내용 저장]을 클릭합니다. 기존에 있던 작업 영역 레이아웃에 수정된 작업 영역 레이아웃으로 변경됩니다.

❸ 레이아웃 삭제하기 : [창] – [작업 영역] – [작업 영역 편집] – [막대]에서 삭제하고 싶은 메뉴를 선택한 후 [삭제]를 누릅니다. 삭제된 내용을 저장하기 위해서 [확인]을 누르면 작업 영역 레이아웃이 삭제된 것을 확인할 수 있습니다.

PART

4

프리미어 프로
기본기 익히기

CHAPTER **1**

핵심적인 영상만 남기는 컷 편집

촬영한 영상에서 불필요한 부분을 삭제하는 일을
영상 컷 편집이라고 부릅니다.
다양한 컷 편집 방법을 알아보겠습니다.

SECTION

23 | 타임라인 패널 살펴보기

[타임라인] 패널은 다양한 미디어 소스가 담기고, 도구 툴을 이용해 실질적인 영상 편집을 진행하는 공간입니다. 영상 편집을 하기 위해서는 꼭 알아야 하는 패널인 만큼 자세히 살펴보겠습니다.

01 시퀀스 이름 : 시퀀스의 이름이 표시되는 부분입니다. 여러 개의 시퀀스를 생성할 수 있기 때문에 영상 편집 시 시퀀스가 혼동이 되지 않도록 해야합니다. 시퀀스는 ▦로 표시되며 시퀀스에 우클릭하여 [이름 바꾸기]를 클릭하거나 더블클릭 혹은 Enter 를 눌러 이름을 변경할 수 있습니다.

02 재생 헤드 위치 : 현재 재생 헤드가 위치한 시간을 표시합니다. [시간:분:초:프레임]으로 표시됩니다.

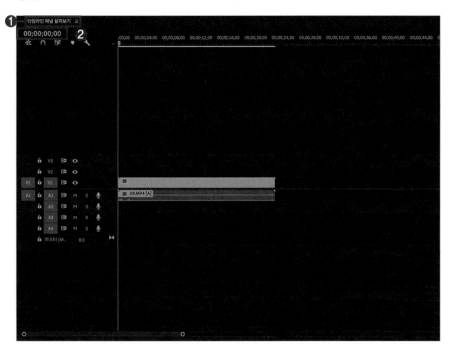

> **더 알아보기** **재생 헤드 위치가 표시하는 1초의 기준은 프레임에 따라 다르다**
>
> 프리미어 프로에서는 영상을 [시간:분:초:프레임]으로 구성합니다. '프레임은 1초에 몇 장을 담을까?'라는 설정이므로 프레임에 따라 1초의 기준이 달라집니다.
>
> ① 24fps(=23.97fps) : 23프레임이 된 후 1의 프레임이 추가될 때가 1초입니다.
> ② 30fps(=29.97fps) : 29프레임이 된 후 1프레임 앞으로 이동하면 1초가 됩니다.
> ③ 60fps(=59.94fps) : 59프레임이 된 후 1프레임 앞으로 이동하면 1초가 됩니다.

영상의 특정 시간으로 이동하는 방법

영상 편집을 진행하는 과정에서 특정한 시간대로 이동하고 싶은 경우가 있습니다. 그럴 때 재생 헤드의 숫자를 입력해서 원하는 시간대로 이동할 수 있습니다.

① 재생 헤드의 숫자 부분을 변경해 원하는 시간대로 이동할 수 있습니다.

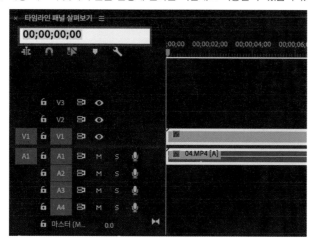

② 1분 7초 22프레임으로 이동하려면, 1:7:22를 입력합니다. 쌍점(:) 대신 쌍반점(;)이나 점(.)으로 입력할 수도 있습니다.

03 시퀀스 중첩 또는 개별 클립으로 삽입 또는 덮어쓰기 ▦ : 타임라인 패널에서 시퀀스를 편집하는 중에 다른 시퀀스도 패널로 가지고 오려 할 때 시퀀스를 하나로 중첩해 단일 클립으로 만들 것인지, 별개의 개별 클립으로 만들 것인지에 관한 아이콘입니다.

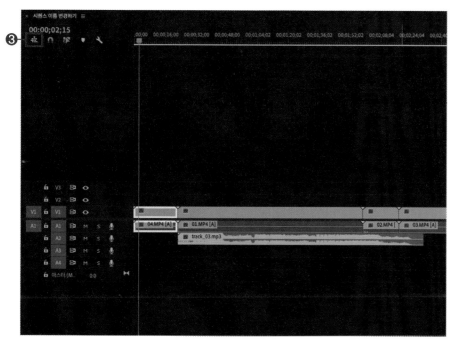

▲ 시퀀스를 개별 클립의 형태로 삽입한 이미지

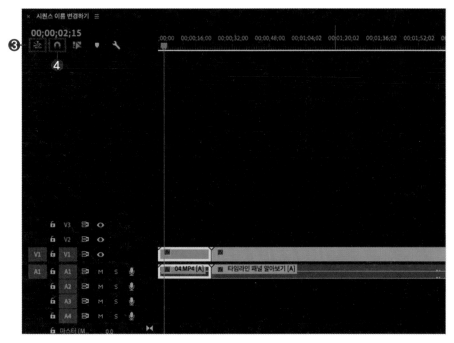

▲ 시퀀스에 있는 클립을 중첩하여 삽입한 이미지

04 타임라인에서 스냅■ : 타임라인에서 클립을 이동할 때, 클립과 클립이 인접하는 순간 자석처럼 붙게 하는 기능입니다.

05 연결된 선택■ : 영상과 오디오가 링크로 연결된 클립을 이동할 때 개별적으로 선택해 이동할 것인지, 함께 선택해 이동할 것인지 선택하는 아이콘입니다.

▲ 영상과 오디오의 클립이 링크로 연결된 경우

▲ 영상과 오디오의 클립이 링크로 연결이 해제된 경우

06 마커 추가■ : 타임라인 패널에 특정 시간대를 표시해두고 싶을 때 마커로 표시하는 아이콘입니다. 클립을 선택한 채로 아이콘을 클릭하면 타임라인 패널이 아니라 클립에 작동합니다. 주로 오디오 트랙에서 박자를 표시할 때 사용합니다.

07 타임라인 표시 설정 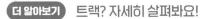 : 타임라인에 표시되는 내용을 원하는 대로 설정할 수 있습니다. [모든 트랙 확장] 메뉴로 타임라인 패널을 확대할 수 있고, [모든 트랙 최소화] 메뉴로 타임라인 패널을 축소할 수도 있습니다.

08 타임라인 트랙 : 불러온 비디오 소스와 오디오 소스를 타임라인에 삽입합니다. 비디오 트랙은 V1, V2, V3, 오디오 트랙은 A1, A2, A3 위치에 삽입됩니다. 트랙에 우클릭하면 트랙을 추가/삭제할 수 있는 메뉴가 나타납니다.

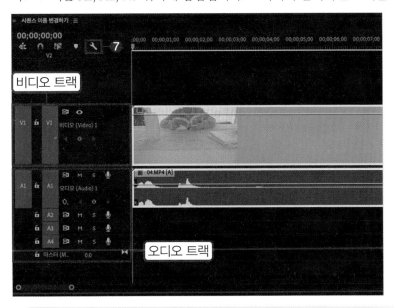

> **더 알아보기** 트랙? 자세히 살펴봐요!
>
>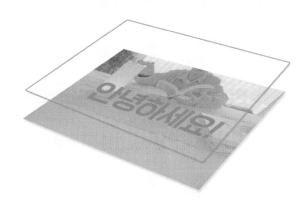
>
> 트랙을 투명한 도화지라고 생각하시면 됩니다. 그림이 그려진 투명 도화지 위에 또 다른 그림이 그려진 투명 도화지를 올리면 바닥에 있는 그림도 보이고 그 위의 올려진 도화지의 그림도 보입니다. 숫자가 높은 트랙일수록 위에 있다는 의미이므로 우선적으로 보이게 됩니다.

09 트랙 잠금 켜기/끄기 : 소스를 수정하지 못하게 트랙을 잠그거나 여는 기능입니다. 잠그면 빗금이 쳐집니다. 한 번 더 클릭해야 트랙이 열려 수정이 가능한 상태로 변경됩니다.

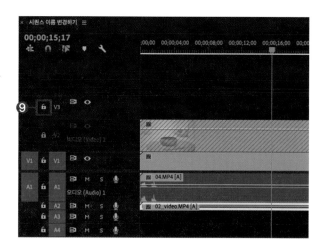

10 이 트랙의 트랙 대상 지정을 켜거나 끕니다 : ↑, ↓ 방향키로 재생 헤드를 클립의 인/아웃 점으로 이동할 수 있습니다. 이때 포함할 트랙과 제외할 트랙을 설정하는 기능입니다. 비활성화하면 재생 헤드 이동 시 해당 트랙은 무시하고 다른 트랙들의 인/아웃 점으로 이동합니다.

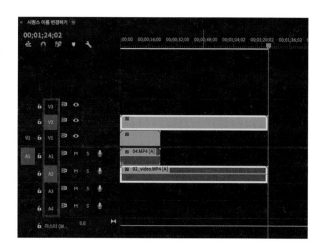

11 동기화 잠금 전환 : 영상의 길이에 변화를 주는 잔물결 편집 도구를 사용해 클립을 편집할 때, 다른 트랙들도 변화에 맞춰 함께 움직임일 것인지를 설정하는 기능입니다.

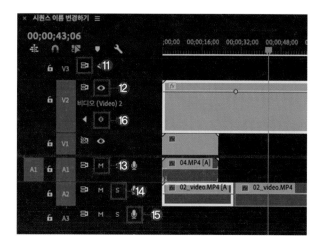

12 트랙 출력 켜기/끄기 : 편집 중에 해당 트랙을 프로그램 모니터 패널에 표시할지를 설정하는 기능입니다.

13 트랙 음소거 : 오디오 트랙에만 존재하는 기능으로, 활성화하면 음소거가 됩니다.

14 솔로 트랙 : 이 기능을 활성화한 트랙의 소리만 재생합니다. 자동으로 다른 오디오 트랙은 음소거가 됩니다.

15 음성 더빙 기록 🎤 : 실시간으로 녹음하여 오디오 트랙을 추가하는 기능입니다.

16 키프레임 추가-제거 ⚙ : 타임라인 부분이 아닌 트랙 부분을 확대하면 선택한 클립에 키프레임을 설정하여 효과를 추가할 수 있습니다. 클릭하면 키프레임이 추가되고, 다시 클릭하면 삭제됩니다. 양 옆 화살표로 현위치를 기준으로 이전과 이후의 키프레임을 찾을 수 있습니다.

17 재생 헤드 : 현재 작업 중인 시간대를 표시하는 파란색 막대선입니다. 해당 위치의 정확한 시간은 재생 헤드 위치에 표시됩니다. Space bar 를 누르면 영상이 재생되어 [재생 헤드]가 이동하고, 한 번 더 Space bar 를 누르면 정지합니다.

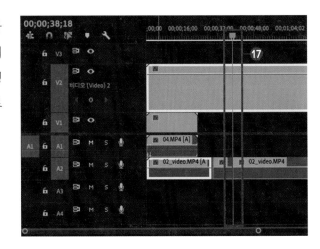

더 알아보기   영상 편집 속도를 높이는 재생 헤드 이동 방법

① ←, →를 누르면 해당 방향으로 1프레임씩 이동합니다.
② Shift 를 누르고 ←, →를 누르면 해당 방향으로 5프레임씩 이동합니다.

24 | 컷 편집 시작하기

촬영한 원본 영상들 중에서 광고 영상에 사용하고 싶은 영상들만 컷 편집하여 따로 폴더에 정리합니다. 그다음, 기획서를 보면서 영상의 순서에 따라 이름을 번호 순으로 정리해주면, 작업 효율을 높일 수 있습니다. 이제는 실전! 실전에서 많이 사용하는 컷 편집 2가지 방법을 알아보겠습니다.

1 자르기 도구 활용하기

영상에서 필요한 부분만 잘라내어 보겠습니다. 자르기 도구를 이용해 클립을 자르는 방법입니다.

🎬 [예제 파일] – [PART 4] – [자르기 도구 사용하기.project]

01 [자르기 도구 사용하기.project] 파일을 실행한 뒤 [예제 파일] - [PART 4] - [source] - [01_video] 영상 소스를 프로젝트 패널로 불러오고, 프로젝트 패널 하단에서 [새 항목] - [시퀀스] 메뉴를 클릭해 시퀀스를 생성합니다.

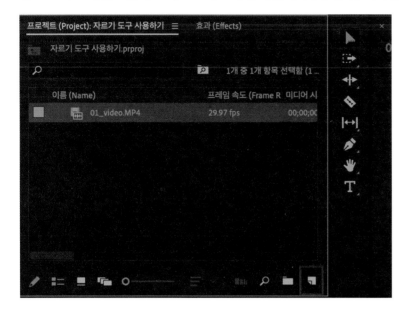

02 이미지와 동일하게 설정 후 [확인]을 누릅니다.

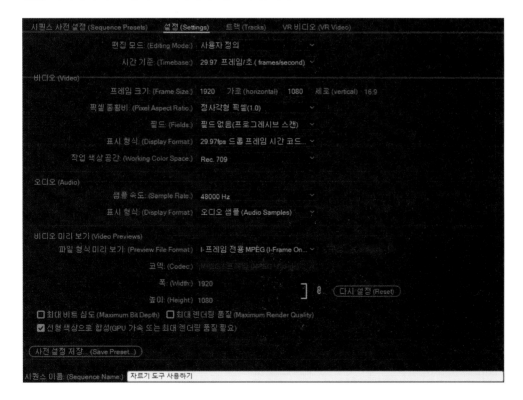

03 프로젝트 패널에 시퀀스가 생성되면 [01_video] 영상 소스를 타임라인 패널로 드래그하여 [V1 트랙/A1 트랙]으로 위치시킵니다.

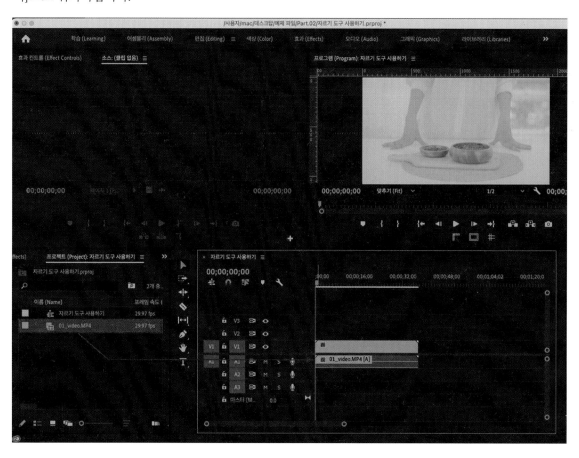

04 광고의 첫 장면으로 사용할 '손으로 팥을 뜨는 장면'만 남기도록 컷을 편집합니다. ❶[00;00;13;00]으로 재생 헤드를 이동킨 후 도구 패널에서 ❷[자르기 도구]를 선택하여 ❸재생 헤드가 있는 선에 맞춰 좌클릭으로 클립을 자릅니다. 클립에 선이 생기면서 2개로 나뉩니다.

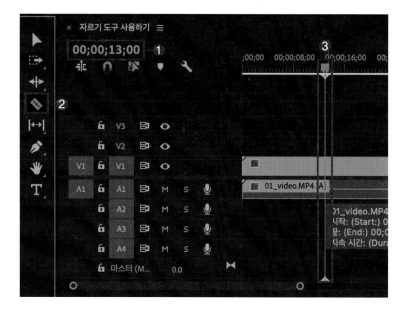

더 알아보기 클립이 작아서 안보일 때 확대하는 방법

비디오 클립이 축소되어 있어서 클립 자르기가 어려울 때는 단축키를 활용하면 좋습니다.
확대 단축키 ⊡ 축소 단축키 ⊟

05 도구 패널에서 [선택 도구]를 선택하여 [00;00;13;00]의 앞에 있는 클립을 선택하고 Delete 를 누르면 선택한 클립이 삭제됩니다. 선택 도구는 비디오와 오디오 트랙에 있는 클립을 선택하고 이동시키는 기능을 합니다.

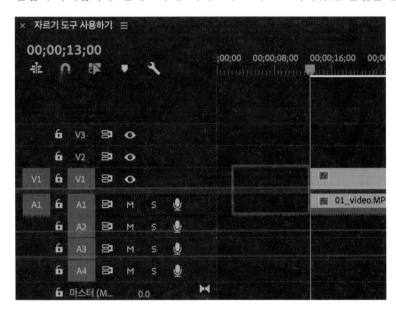

06 [01_video] 영상 클립의 나머지 부분도 잘라보겠습니다. 다시 도구 패널에서 ❶[자르기 도구]를 선택합니다. 재생 헤드를 ❷[00;00;18;00]으로 이동시킨 후 ❸재생 헤드가 위치한 선에 맞춰서 좌클릭으로 잘라냅니다.

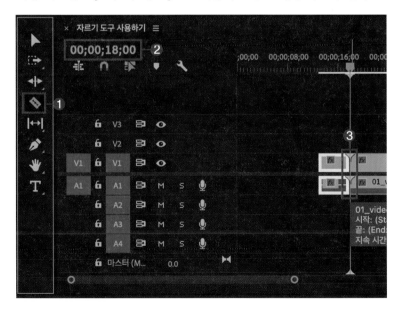

07 도구 패널에서 [선택 도구]를 선택하여 [00;00;18;00]의 뒤에 있는 클립을 선택한 후 Delete 를 누르면 선택한 클립이 삭제되면서 01번 영상에서 최종적으로 사용할 장면만 남게 되었습니다.

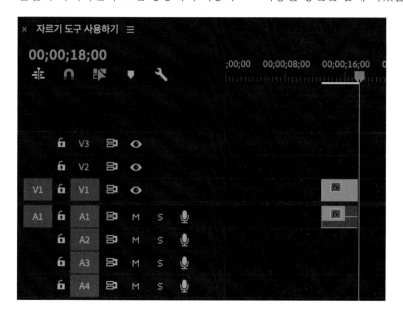

08 선택 도구를 클릭하여 [V1 트랙] 0초에 맞게 [01_video] 영상 클립을 이동시킵니다. 이런 과정을 통해 영상 소스에서 원하는 장면만 추출하여 사용할 수 있습니다.

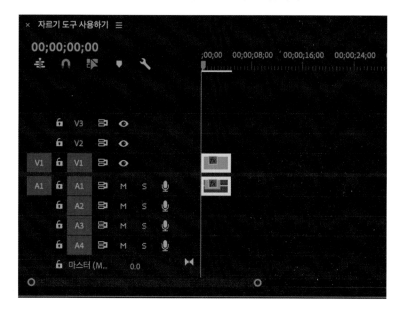

2 단축키 활용하기

[자르기 도구]로는 원하는 지점을 정확하게 잘라낼 수 없을 때가 있습니다. Ctrl+K 단축키를 이용하면 재생 헤드 위치에서 정확하게 잘라낼 수 있습니다.

🎬 [예제 파일] – [PART 4] – [컷 편집 단축키 사용하기.project]

01 [컷 편집 단축키 사용하기.project] 파일을 실행한 뒤 [예제 파일] - [PART 2] - [source] - [02_video] 영상 소스를 프로젝트 패널로 불러옵니다.

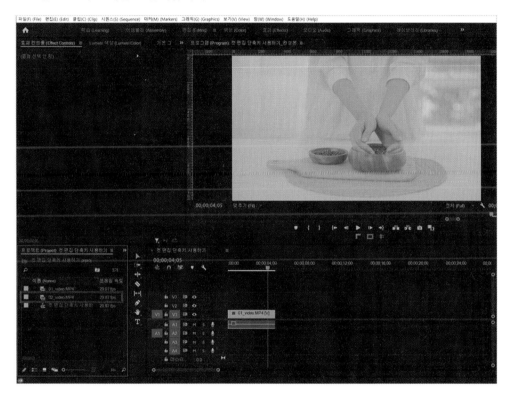

02 프로젝트 패널에서 [02_video] 영상 소스를 타임라인 패널로 드래그하여 [V1 트랙/A1 트랙]의 01번 영상 클립 뒤쪽으로 딱 붙여서 위치시킵니다.

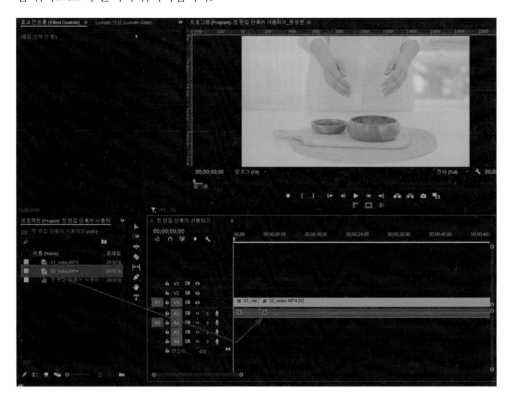

03 재생 헤드 위치를 클릭하여 ❶[00;00;41;00]으로 재생 헤드를 이동시키고 Ctrl+K를 누르면 재생 헤드가 위치한 곳에서 클립이 잘립니다. ❷도구 패널에서 [선택 도구]로 [00;00;41;00]의 앞에 있는 [02_video] 영상 클립을 선택합니다.

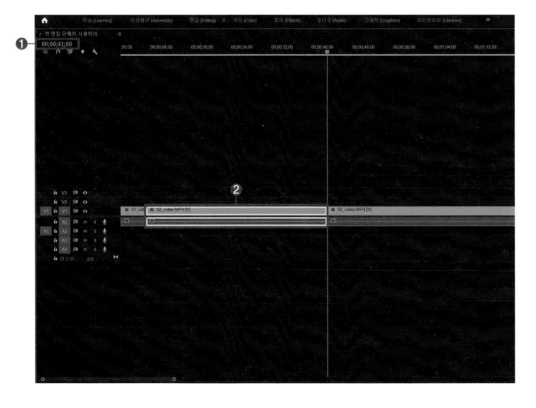

04 [01_video] 클립과 [02_video] 클립 사이에 빈 공간이 생기지 않도록 클립을 지워보겠습니다. [00;00; 41;00] 지점 앞 클립에 우클릭하면 나타나는 메뉴들 중에서 [잔물결 삭제]를 클릭하면 클립 사이에 빈 공간 없이 클립을 삭제할 수 있습니다. 잔물결 삭제 단축키 : [Shift]+[Delete]

05 [02_video] 클립의 나머지 영역도 삭제하겠습니다. 재생 헤드 위치를 클릭하여 [00;00;15;00]으로 재생 헤드를 이동시킨 후 [Ctrl]+[K]를 누릅니다. 원하지 않는 클립을 선택 후 [잔물결 삭제 [Shift]+[Delete]]합니다.

더 알아보기 **실전 컷 편집 꿀팁**

영상의 지루함을 덜기 위해 다양한 구도로 촬영하게 되는데, 이렇게 다양한 각도에서 촬영한 장면들을 편집할 때에는 다음 장면이 자연스레 이어지도록 컷 편집을 진행하면 좋습니다. 자세하게 예시를 보면서 알아보도록 하겠습니다.

첫 번째 장면인 위 장면은 모델이 책상으로 걸어와 상 위에 놓인 액상 차를 가져가려고 손을 뻗는 장면입니다.

두 번째 장면은 인물의 행동 자체는 첫번째 장면과 동일하지만, 다른 구도에서 촬영한 것입니다. 이전에 손을 뻗는 컷 장면과 자연스럽게 이어질 수 있도록, 손을 뻗어 액상 차를 가져가려는 순간부터 컷 편집을 진행하여 자연스럽게 이어지게 하면 됩니다. 이렇게 내용이 동일한 장면이라도 다른 구도로 촬영한 후 컷 편집을 진행하면 영상이 다양한 재미를 갖게 됩니다.

소스 모니터를 활용해
원하는 영상만 추출하기

소스 모니터 패널을 활용하면 프로젝트로 불러온 소스의 원하는 구간만을 타임라인 패널로 가지고 올
수 있습니다. 타임라인 패널에서 따로 컷 편집을 할 필요 없이 간편하고 빠르게 작업할 수 있습니다.

📽 [예제 파일] – [PART 4] – [소스 모니터 패널 활용하기.project]

01 [소스 모니터 패널 활용하기.project] 파일을 실행한 뒤 [예제 파일] - [PART 4] - [source] - [03_video] 영
상 소스를 프로젝트 패널로 불러옵니다.

02 프로젝트 패널에서 [03_video] 소스를 더블클릭하면 소스 모니터 패널에 [03_video] 영상이 나타납니다.

◎ 여기서 잠깐! ∿∿∿∿∿

소스 모니터 패널이 보이지 않으시나요?
메뉴 바에서 [창] – [소스 모니터]를 선택하면 패널이 등장합니다.

03 소스 모니터 패널에서 재생 헤드 위치를 클릭하여 ❶00;00;22;00]으로 입력해 재생 헤드를 22초로 이동시킵니다. 아래 아이콘 중에서 ❷시작 표시 아이콘인 █를 클릭하여 영상의 시작 지점을 설정합니다. 시작 지우기█로 시작 표시 영역을 삭제할 수도 있습니다.

◎ 여기서 잠깐! ∿∿∿∿∿

시작 표시 아이콘이 보이지 않을 때 해결 방법
소스 모니터 패널에서 단추 편집기█를 선택합니다. 나타난 아이콘들 중에서 시작 표시 █ 아이콘을 드래그하여 소스 모니터 패널로 드래그 합니다. 패널에 아이콘이 나타나면 [확인]을 누릅니다.

04 소스 모니터 패널에서 재생 헤드 위치를 클릭하고 **❶** [00;00;23;00]으로 입력해 재생 헤드를 23초로 이동합니다. 그런 상태에서 아래 아이콘들 중에서 **❷**종료 표시 █를 클릭해 영상의 종료 지점을 설정합니다. 종료 지우기 █로 종료 표시 영역을 삭제할 수 있습니다.

05 **❶**[시작 표시와 종료 표시를 설정한 다음, **❷**[소스 모니터의 화면을 타임라인 패널로 드래그 합니다. 소스 모니터 패널에서 시작 표시와 종료 표시를 설정한 영역만 추출되어 타임라인 패널로 이동합니다. 이렇게 소스 모니터 패널을 활용해 원하는 장면만 추출할 수 있습니다.

CHAPTER **2**

영상 속도 조절하기

시청자 입장에서 광고가 지루하지 않게 만드는 방법도 중요합니다.
간단한 방법 중 하나가 바로 영상의 '속도'를 조절하는 것입니다. 알아볼까요?

26 | 속도/지속시간 기능 활용하기

영상의 지루함을 덜기 위해 재생 속도를 빠르게 만드는 사례도 있습니다. [속도/지속시간] 메뉴를 활용해 손쉽게 재생 속도를 빠르거나 느리게 할 수 있습니다.

🎬 [예제 파일] – [PART 4] – [속도 조절 방법 알아보기.project]

01 [속도 조절 방법 알아보기.project] 파일을 실행합니다. 예제 파일은 고속 촬영으로 진행된 것이라 영상의 속도가 느립니다. 영상을 재생해 속도를 체감해보세요. 클립의 속도를 조절할 수 있도록 시퀀스 영역을 확대하는 단축키 ⊞를 눌러줍니다.

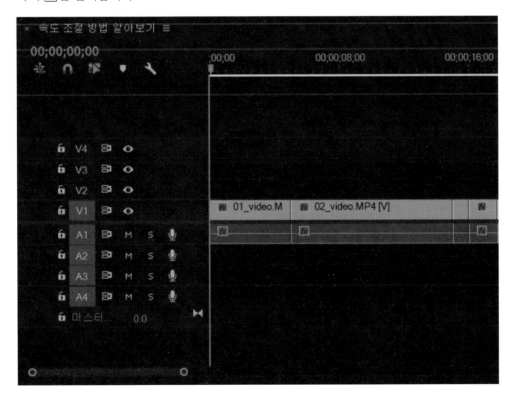

02 도구 패널의 [선택 도구]로 [01_video] 클립을 우클릭하고 [속도/지속 시간] 메뉴를 선택합니다. [클립 속도/지속 시간] 창이 나타나면 [속도]가 100%로 설정되어 있는 것을 확인할 수 있습니다. 영상의 속도를 4배 빠르게 하기 위해 400%로 변경한 후 확인을 누릅니다.

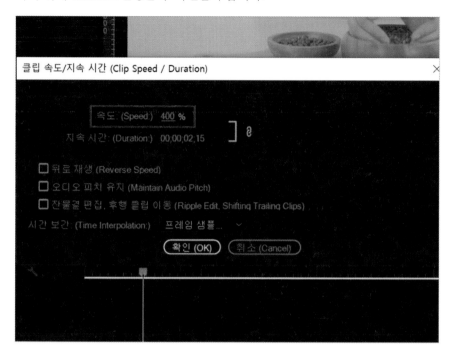

03 [01_video]의 달라진 속도를 확인하기 위해 재생해보세요. 영상이 빨라지면서 클립도 짧아진 것을 확인할 수 있습니다. 클립이 짧아지면서 V1 트랙에 빈 공간이 생겼습니다. 빈 공간을 선택하고 우클릭하여 [잔물결 삭제]를 누르면 빈 공간이 삭제됩니다.

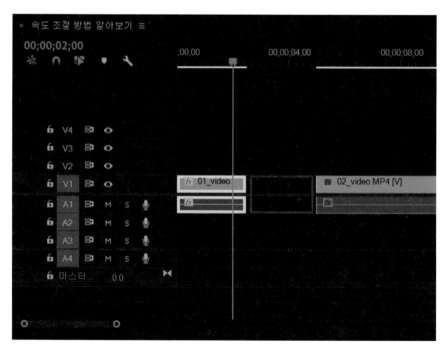

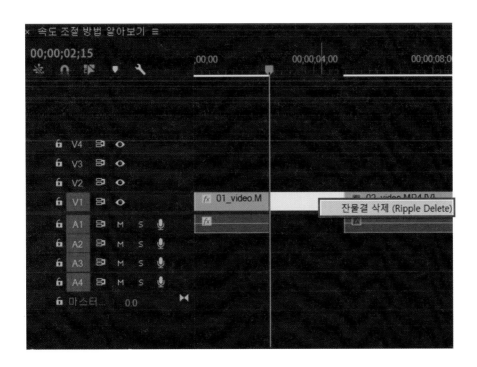

04 나머지 클립들도 속도를 2배 빠르게 조절해보겠습니다. 도구 패널에서 [선택 도구] 아래의 아이콘을 꾹 클릭하여 [앞으로 트랙 선택도구]를 선택 후 [02_video] 클립을 클릭합니다.

더 알아보기 클립을 빠르게 선택하고 이동하는 도구 살펴보기

• [앞으로 트랙 선택 도구] : 선택한 영상 클립을 기준으로 맨 뒤 클립까지 모두 선택하는 도구입니다.
• [뒤로 트랙 선택 도구] : 선택한 영상 클립을 기준으로 맨 앞 클립까지 모두 선택하는 도구입니다.

05 [02_video] 영상 클립부터 [17_video] 영상 클립까지 모두 선택된 것을 확인할 수 있습니다. 클립이 선택된 상태에서 우클릭하여 [속도/지속 시간] 메뉴를 클릭하고, 영상을 4배 속도로 빠르게 하기 위해 [속도]를 [400%]로 설정한 후 하단의 [잔물결 편집 후행 클립 이동]을 체크 표시하고 [확인]을 클릭합니다.

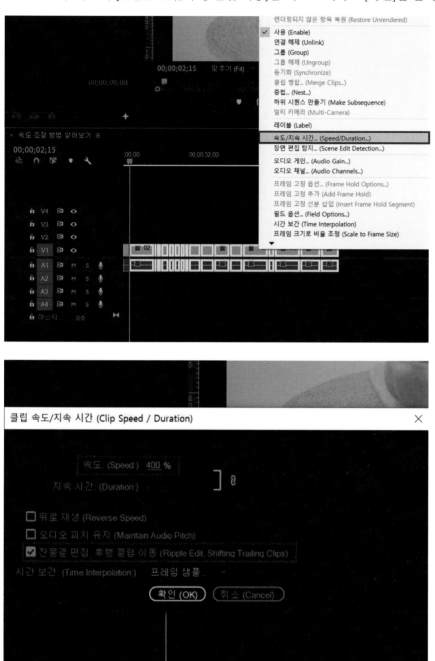

06 영상의 클립들이 4배속이 되면서 빈 공간 없이 짧아집니다. 영상을 재생하면 4배로 속도가 빨라진 것을 확인할 수 있습니다.

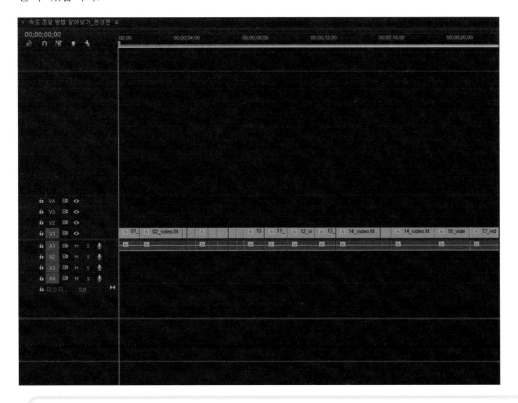

더 알아보기 **클립 속도/지속 시간 창 살펴보기**

① 속도 조절 방법 : [속도]의 재생 속도 부분(100%)을 꾹 클릭하고 좌우로 드래그하여 숫자를 조절할 수도 있습니다. 소수점 단위로 변경됩니다.

② 속도를 조절하는 기준점 : 영상의 원래 속도는 100%로 표시합니다. 100%보다 숫자를 낮게 설정하면 속도가 느려지고, 높게 설정하면 속도가 빨라집니다.

③ 뒤로 재생 : 영상을 역재생하는 기능입니다. 뒤로 되감기 효과를 주고 싶을 때 해당 메뉴를 활용합니다.

④ 오디오 피치 유지 : 영상 속도를 조절하면 오디오 소리도 변하게 되는데, 원본 영상과 크게 다르지 않도록 변화를 막아주는 기능입니다.

⑤ 잔물결 편집, 후행 클립 이동 : 영상 클립의 재생 속도를 기존 속도보다 빠르게 만들면, 그만큼 재생 시간이 줄어 클립과 클립 사이에 빈 공간이 생기게 됩니다. 이 기능을 설정하면 클립 사이에 빈 공간이 생기지 않고 앞 뒤의 클립이 연결됩니다.

27 시간 다시 매핑 기능
활용하기

앞에서 배운 [클립 속도/지속 시간]은 선택한 클립 전체의 속도를 조절했습니다. 하지만 [시간 다시 매핑]은 하나의 클립 안에서도 속도를 조절하고 싶은 영역만 따로 지정하여 변경할 수 있습니다. 조금 더 어려운 방법이지만, 광고 영상과 영화에서도 두루 사용되는 방법입니다.

🎬 [예제 파일] – [PART 4] – [시간 다시 매핑 알아보기.project]

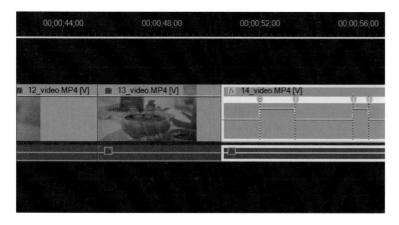

01 [시간 다시 매핑 알아보기.project] 파일을 실행한 뒤 재생 헤드 위치를 클릭하여 [00;00;50;14]를 입력합니다. 재생 헤드가 이동한 상태에서 시퀀스 확대 단축키 ⊞를 눌러 타임라인 영역을 확대합니다. 시간 다시 매핑 효과를 이용할 때는 트랙도 확대시켜서 조절하는 것이 편리하기 때문에 V1 트랙 헤더 빈 공간에 마우스를 둔 상태로 Alt +마우스 휠을 위로 드래그합니다.

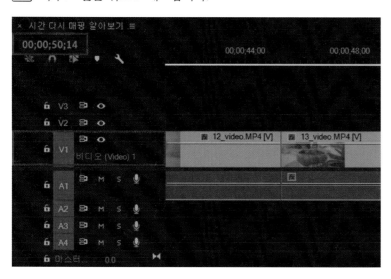

02 [시간 다시 매핑] 기능을 활용할 차례입니다. [14_video] 클립을 우클릭합니다. 나타난 메뉴 중에서 [클립 키 프레임 표시] - [시간 다시 매핑] - [속도]를 선택합니다.

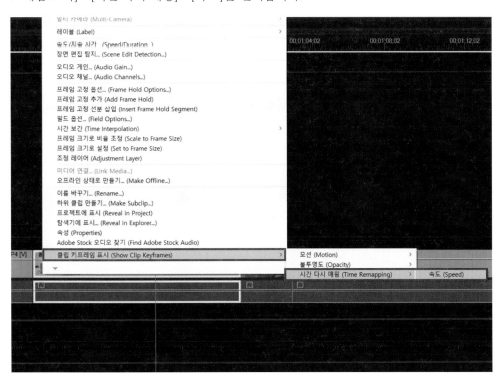

03 [14_video] 영상 클립에 ❶하얀색 선이 생기며, 이 선으로 속도를 조절합니다. 재생 헤드 위치를 클릭하여 [00;00;52;00]을 입력합니다. 속도 조절을 시작할 구간입니다. V1 트랙 헤더에서 ❷[키프레임 추가-제거]를 클릭해 키프레임을 생성합니다.

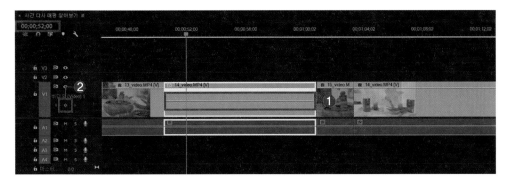

04 속도 조절을 마칠 구간을 설정하기 위해 다시 [14_video]을 선택 후 재생 헤드 위치를 클릭하여 ❶[00;00;55;20]을 입력합니다. 이어서 헤더에서 ❷[키프레임 추가-제거]를 클릭해 키프레임을 생성합니다.

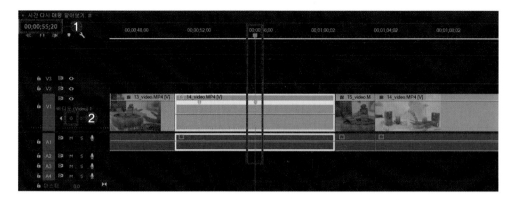

05 키프레임과 키프레임 사이인 [00;00;52;00]와 [00;00;55;20] 사이의 흰색 선을 위로 드래그 합니다. 위로 드래그 하면 % 숫자가 올라가면서 클립의 길이가 짧아집니다. % 숫자는 속도를 의미합니다. 해당 선의 숫자가 [250.00%]가 될 때까지 위로 드래그합니다.

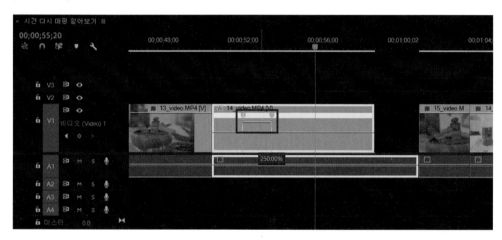

06 [14_video] 클립의 다른 구간도 동일한 방법을 활용해 속도를 올려보겠습니다. [14_video] 클립을 선택한 상태로 재생 헤드를 ❶[00;00;55;24]으로 이동시킨 후 헤더에서 ❷[키프레임 추가-제거]를 클릭하여 키프레임을 생성합니다.

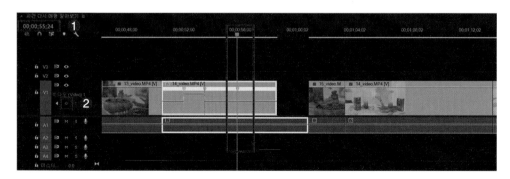

07 [14_video] 클립을 선택한 상태로 재생 헤드를 ●[00;00;57;13]으로 이동시킨 후 헤더에서 [키프레임 추가-제거]를 클릭해 키프레임을 생성합니다.

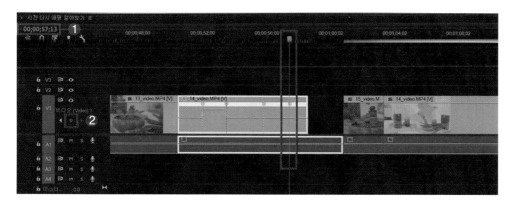

08 본격적으로 속도를 조절할 차례입니다. [00;00;55;24]와 [00;00;57;13] 사이의 흰색 선을 위로 드래그합니다. [250.00%] 될 때까지 계속 드래그합니다. [14_video] 클립 내에서 속도가 올라간 2곳을 확인할 수 있습니다.

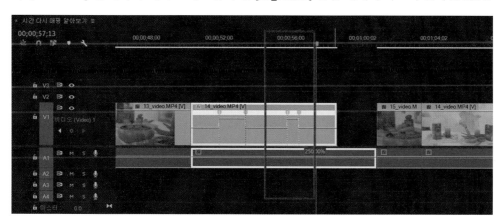

09 재생 헤드 위치를 [00;00;50;14]으로 이동 후 Space bar 를 눌러 영상의 속도가 변하는 구간을 확인할 수 있습니다.

10 클립의 속도를 올리면 [14_video]와 [15_video] 사이에 빈공간이 생깁니다. 재생 헤드 위치를 ●[00;00;57;19]으로 이동 후 [14_video] 클립을 선택합니다. [재생 헤드 위치에서 자르기] Ctrl+K 를 눌러 오디오 클립을 잘라준 후 빈 공간에 있는 ❷A1 트랙의 오디오 클립을 선택하고 Delete 를 눌러 삭제합니다.

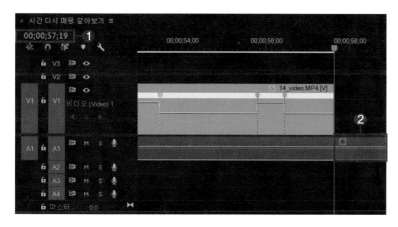

12 V1 빈 공간에 우클릭하여 [잔물결 삭제]로 빈 공간을 삭제합니다. 이 방법을 활용하여 영상의 속도를 자유자재로 조절하세요.

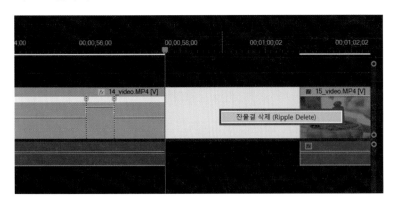

더 알아보기 영상의 빠르기를 자연스럽게 적용하는 방법

① [시간 다시 매핑]을 활용하여 영상에 구간을 설정한 후 속도를 조절한 다음, 시작 키프레임을 왼쪽으로 드래그 합니다. 키프레임 간격이 벌어지면서 직각이었던 선에 경사가 생깁니다.

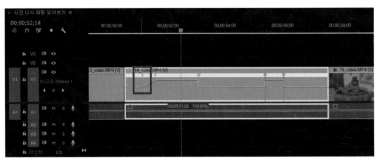

② 그런 상태에서 시작 지점 키프레임을 다시 선택하면 하얀 선 위에 파란 [베지어 핸들]이 나타납니다.

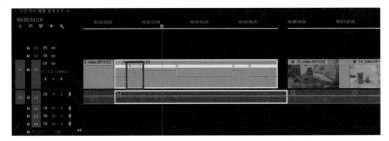

③ 베지어 핸들에서 위와 아래 점 중에서 원하는 부분을 꾹 클릭한 상태로 끌어당기면 경사의 각도가 변합니다. 이 방법을 종료 지점의 키프레임에도 설정하면 클립의 속도 빠르기를 더욱 자연스럽게 설정할 수 있습니다.

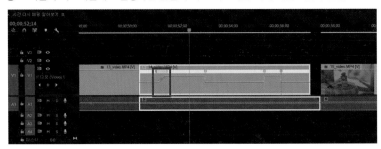

CHAPTER **3**

영상을 확대하고
축소하기

강조하고 싶은 장면을 확대해서 시선을 집중시키는 방법을 곧잘 경험합니다.
영상을 확대하고 축소하는 방법을 알아보겠습니다.

28 | 영상 확대 방법

크게 확대하여 강조하고 싶은 구간이 생길 때가 있습니다. 효과 컨트롤 패널을 활용해 영상을 확대하는 방법을 알아보겠습니다.

🎬 [예제 파일] – [PART 4] – [영상 확대 방법 알아보기.project]

01 [영상 확대 방법 알아보기.project] 파일을 실행한 뒤 도구 패널에서 [선택 도구]로 [10_video] 영상 클립을 선택합니다. 클립이 작아서 소스의 이름이 보이지 않는다면 ⊞를 눌러 시퀀스를 확대합니다.

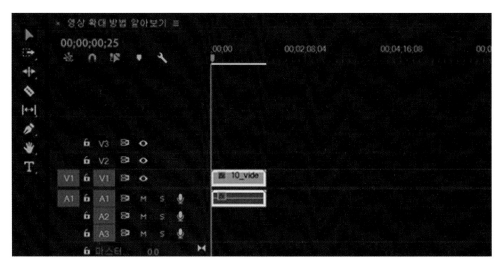

02 클립을 선택하면 왼쪽 상단의 효과 컨트롤 패널에 효과를 추가할 수 있는 다양한 메뉴가 나타납니다. 왼쪽의 화살표 ▶를 클릭하면 세부 메뉴를 접고 펼 수 있습니다. 항목들 중 [모션] - [비율 조정] : 150.0으로 변경 후 Enter 를 누르면 프로그램 모니터 화면에서 영상이 확대된 것을 확인할 수 있습니다.

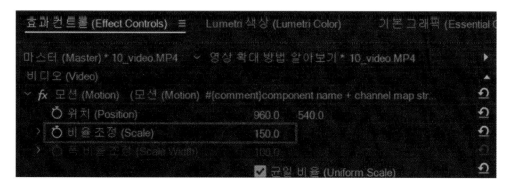

03 원하는 장면이 확대되도록 영상의 위치를 조절해 보겠습니다. [모션] - [위치] : 927.0, 515.0을 입력 후 Enter 를 누르면 화면이 이동된 것을 확인할 수 있습니다.

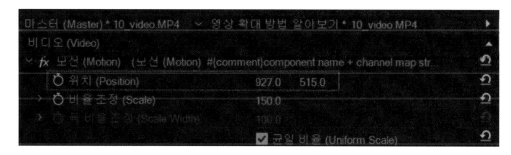

04 클립에 효과가 적용되면 [Fx]가 노란색으로 불이 켜집니다.

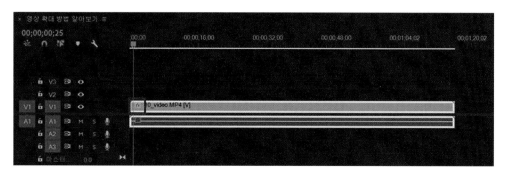

29 영상 축소 방법

영상을 확대하는 방법에 이어서 효과 컨트롤 패널을 활용해 영상을 축소하는 방법을 알아보겠습니다.

🎬 [예제 파일] – [PART 4] – [영상 축소 방법 알아보기.project]

01 [영상 축소 방법 알아보기.project] 파일을 실행한 뒤 재생 헤드 위치를 클릭하여 ❶[00;00;45;12]으로 입력합니다. 도구 패널에서 ❷[선택 도구]로 ❸[13_video] 영상 클립을 선택합니다.

02 클립을 선택하면 왼쪽 상단 효과 컨트롤 패널에 다양한 메뉴가 나타납니다. [모션] - [비율 조정]의 숫자를 클릭하여 [80.0]으로 변경 후 Enter를 누르면 프로그램 모니터 화면에서 영상이 축소된 것을 확인할 수 있습니다.

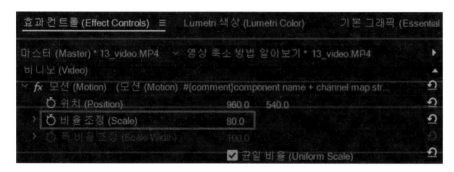

03 축소로 인해 영상의 크기가 작아지면서 생기는 빈 공간은 프로그램 모니터에서는 검은색으로 표시됩니다. 클립에 효과가 적용되었다는 표시인 [Fx]가 노란색으로 불이 켜집니다.

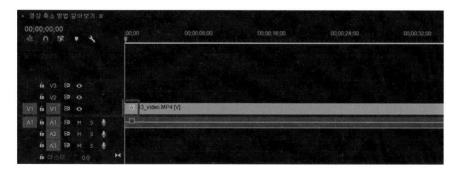

> **더 알아보기** **효과 컨트롤의 위치 사용 방법**
>
> [위치] 효과로 영상의 위치를 변경할 수 있습니다. [가로 위치 X 세로 위치] 값으로 구성됩니다.
>
> ① 위치 값 숫자를 상하좌우로 드래그하면 숫자가 변하면서 프로그램 모니터에서 실시간으로 영상이 이동하는 걸 확인할 수 있습니다.
>
> ② 위치 이름을 클릭하면 프로그램 모니터 화면에 선택 영역 박스가 생깁니다. 이때 [선택 도구]를 선택한 상태에서 프로그램 모니터의 화면을 꾹 클릭한 채로 움직이면, 움직임에 따라서 [위치] 값이 변합니다.

30 시선을 사로잡는 **부분 확대 방법**

제품의 특징을 극대화하고 싶을 때 특정 부분만을 크게 확대하는 효과를 사용합니다. 고객의 시선을 사로잡고 제품의 장점은 더욱 살리는 부분 확대 방법에 대해서 살펴보겠습니다.

🎬 [예제 파일] – [PART 4] – [영상 부분 확대 방법 알아보기.project]

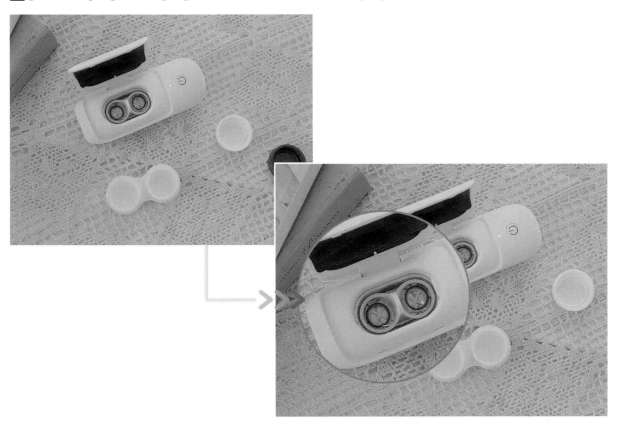

01 [영상 부분 확대 방법 알아보기.project] 파일을 실행한 뒤 영상 부분 확대 효과를 적용할 구간을 설정하기 위해 클립을 자르겠습니다. 재생 헤드 위치를 클릭하여 [00;00;06;10]으로 입력합니다.

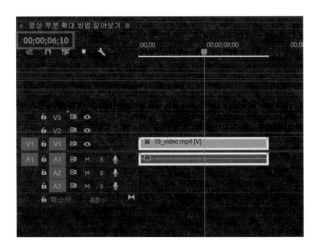

02 도구 패널에서 [선택 도구]를 선택한 후 V1 트랙의 [19_video] 클립을 선택합니다. [재생 헤드 위치에서 자르기]의 단축키인 Ctrl+K를 눌러 클립을 잘라줍니다.

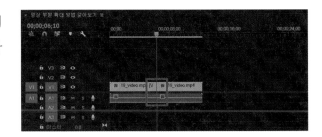

03 효과를 적용할 구간인 [00;00;06;10 ~ 00;00;12;15] 부분의 클립을 Alt를 누른 채로 V2 트랙으로 드래그합니다. 클립이 복사된 것을 확인할 수 있습니다.

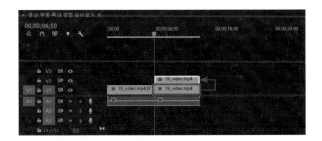

04 V2 트랙의 [19_video] 클립을 선택해 효과 컨트롤 패널에서 [불투명도] - [타원 마스크 만들기]를 선택합니다. 프로그램 모니터 패널에 타원 모양의 마스크가 생성됩니다.

05 타원 마스크 영역 내부로 마우스를 가져가면 손바닥 모양으로 변합니다. 그 상태에서 확대하고 싶은 위치로 마스크를 드래그합니다.

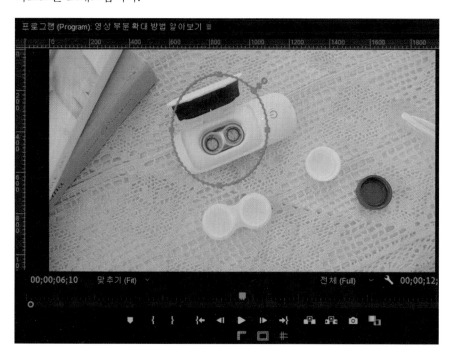

06 이어서 효과 컨트롤에서 [모션] - [비율 조정] : 150.0으로 변경 후 [Enter]를 누르면 타원 마스크 영역이 확대됩니다.

07 이번엔 타원 모양 마스크의 크기를 조절하겠습니다. 마스크 가장자리에 위치한 4개의 점을 하나씩 선택한 후 드래그하여 마스크 크기를 조절합니다.

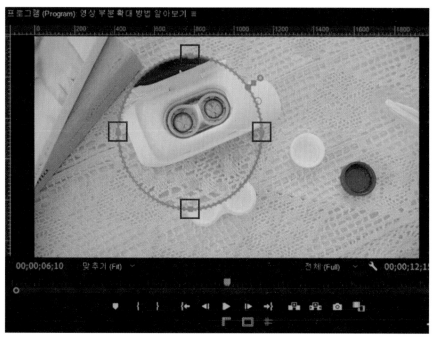

08 효과 컨트롤 패널에서 [불투명도] - [마스크] - [마스크 페더] : 0.0으로 설정합니다. [마스크 페더]의 값이 클수록 마스크의 가장자리가 부드러워집니다.

09 마스크를 씌운 장면을 자유로이 원하는 위치로 이동시킬 수 있습니다. [모션] - [위치] : 778.0, 780.0으로 설정해봅시다.

10 확대된 마스크 영역에 강조 효과를 더하기 위해 선을 그려보겠습니다. 도구 패널에서 [타원 도구]를 선택합니다.

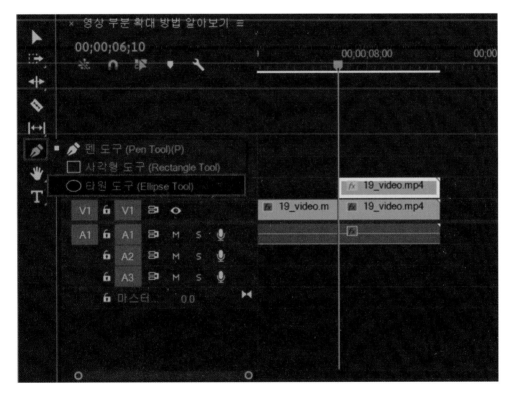

11 프로그램 모니터 패널에서 꾹 클릭한 채로 Shift 를 누르며 드래그하여 원형을 그리면 정원형을 생성할 수 있습니다. 타원 마스크 영역의 크기와 비슷하도록 원형을 만듭니다.

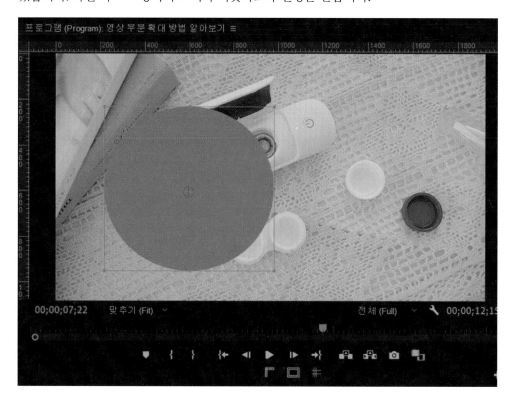

12 시퀀스 영역에 [그래픽] 클립이 생성된 것을 확인할 수 있습니다. 생성한 원형의 색상은 제거하고 선으로 변경하겠습니다. ❶[그래픽] 클립을 선택한 상태에서 ❷[모양] - [칠] 체크를 해제하고 [선]을 체크합니다.

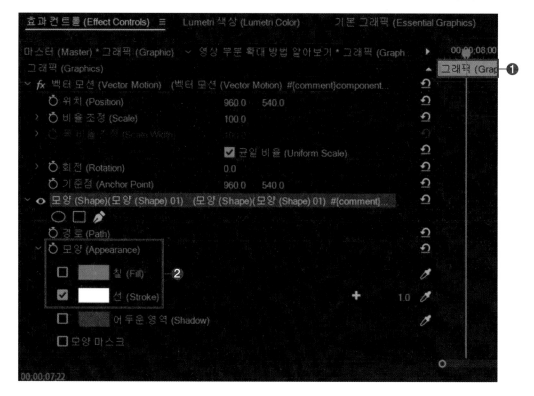

13 [선]의 색상 박스를 클릭해 [색상 피커]에서 원하는 색상으로 변경할 수 있습니다. 여기서는 FF7F7F로 변경하고 [확인]을 누릅니다.

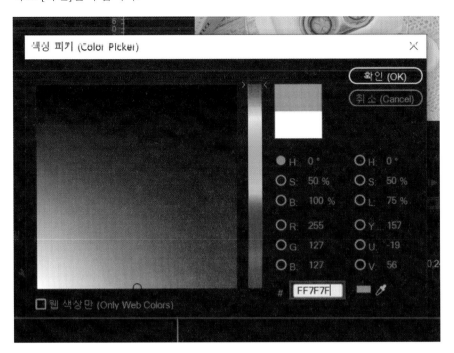

14 [선] 굵기는 오른쪽의 숫자를 클릭하여 드래그하거나, 입력하면 조절할 수 있습니다. 8.0으로 값을 설정합니다. 생성된 원형 선이 마스크 영역에 나타나지 않는 경우 [모양] - [모양]을 클릭하면 프로그램 모니터 영역에 선택 영역이 나타납니다.

15 선의 내부를 드래그하여 마스크 영역의 위치로 이동시키고, 모서리의 점으로 크기를 조절하면 포인트 효과를 줄 수 있는 선 원형이 완성됩니다.

16 도구 패널의 [선택 도구]로 V3 트랙에 생성된 원형 클립인 [그래픽] 클립을 선택한 후 [00;00;06;10 ~ 00;00;12;15]의 위치한 다른 클립과 동일 선상에 둡니다. 클립의 길이가 안 맞는 경우 클립의 오른쪽 가장자리를 선택 후 왼쪽으로 드래그하여 길이를 맞춥니다.

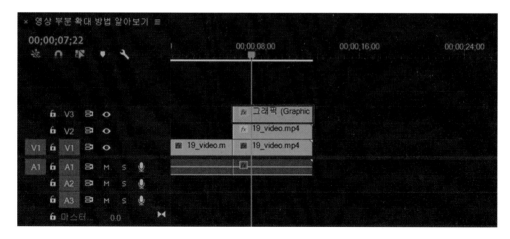

17 영상을 재생하면 강조하고 싶은 부분에 확대 효과가 적용된 것을 확인할 수 있습니다.

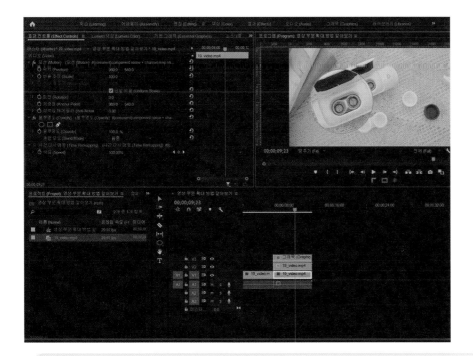

더 알아보기 **마스크 기능에 대해서 더 알아봅시다**

마스크 기능은 특정 영역에만 효과를 주는 기능으로 그 효과는 다양합니다. 다양하게 활용 가능한 영역인 만큼 해당 옵션들을 하나씩 살펴보도록 하겠습니다.

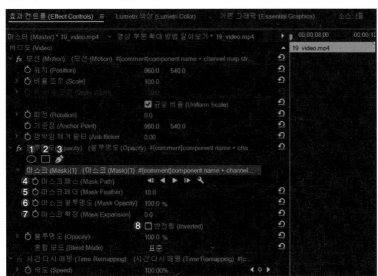

❶ 타원 마스크 만들기 : 원형의 마스크를 생성합니다.

❷ 4지점 다각형 마스크 만들기 : 사각형 마스크를 생성합니다.

❸ 자유로운 그리기 베지어 : 펜 도구로 직접 마스크 영역을 생성합니다.

❹ 마스크 패스 : 마스크 대상의 움직임을 자동으로 추적하는 기능입니다.

❺ 마스크 페더 : 마스크 가장자리의 선명하고 부드러운 정도를 설정합니다.

❻ 마스크 불투명도 : 마스크 영역의 투명도를 설정합니다.

❼ 마스크 확장 : 마스크 영역을 확대하거나 축소합니다.

❽ 반전됨 : 마스크가 설정된 영역을 반전시킵니다.

PART

5

광고 영상
편집 효과 총정리

CHAPTER **1**

자주 사용하는
트랜지션(화면 전환) 알아보기

영상을 편집하다 보면 저마다 다른 장면을 자연스럽게 연결할 방법을 고심하게 됩니다.
효과 패널을 이용해 트랜지션 효과를 만들면 자연스러운 화면 전환을 할 수 있습니다.

SECTION

31

장면이 겹치며 전환하는
교차 디졸브

광고 영상에서 가장 많이 사용되는 화면 전환 효과인 [교차 디졸브]를 알아보겠습니다.

🎬 [예제 파일] – [PART 5] – [교차 디졸브 적용하기.project]

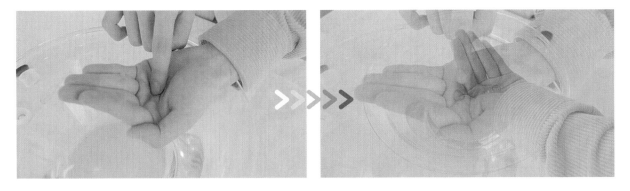

01 [교차 디졸브 적용하기.project] 파일을 실행한 뒤 프로젝트 패널에서 [02_video]와 [03_video]을 타임라인
으로 드래그하여 V1 트랙, A1 트랙에 위치시킵니다.

02 [02_video]와 [03_video] 클립이 교차되는 지점에 하얀색 삼각형 모양이 보입니다. 이 표시는 원본 영상의
시작점과 끝점을 의미합니다. 삼각형 표시가 있는 상태에서 교차 디졸브 효과를 적용하면 미디어가 부족하다는
안내가 나타나고 [02_video] 영상이 완전히 끝난 뒤에 부자연스럽게 교차 디졸브 효과가 진행됩니다. 자연스러운
효과 적용을 위해서 컷 편집으로 삼각형 표시가 사라지게 해야 합니다. 교차 지점에서 컷 편집을 진행합니다.

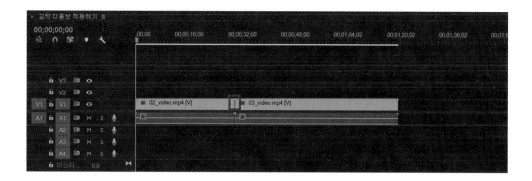

03 재생 헤드 위치를 클릭하여 [00;00;25;00]으로 입력한 후 [재생 헤드 위치에서 자르기]의 단축키 `Ctrl`+`K`를 활용하여 [02_video] 클립을 자릅니다.

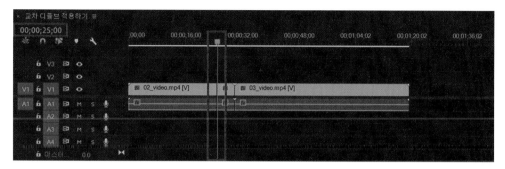

04 [02_video]의 [00;00;25;00] 이후 클립을 선택한 후 `Delete`를 눌러 클립을 삭제합니다.

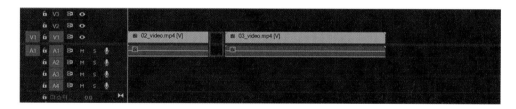

05 재생 헤드 위치를 클릭하여 [00;00;54;00]으로 입력한 후 [재생 헤드 위치에서 자르기]의 단축키 `Ctrl`+`K`를 활용하여 [03_video] 클립도 자른 뒤 [00;00;54;00] 이전 클립을 선택한 후 `Delete`를 눌러 클립을 삭제합니다.

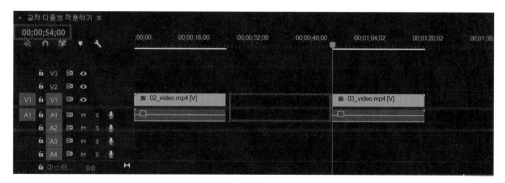

06 [02_video]와 [03_video] 클립의 빈 공간을 선택한 후 우클릭하여 [잔물결 삭제]로 2개의 클립을 붙입니다. 컷 편집이 완성되면 하얀색 삼각형 표시가 사라진 것을 확인할 수 있습니다.

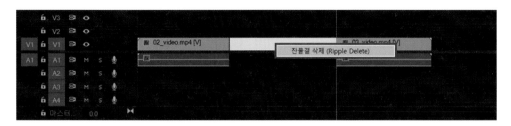

07 효과 패널의 검색창에 [교차 디졸브(Cross DIssolve)]를 입력한 뒤 [02_video]와 [03_video] 클립 사이로 드래그합니다.

더 알아보기 **트랜지션 적용 시간 늘리기**

트랜지션 시간을 조절할 수 있는 3가지 방법을 알아보겠습니다.

① 클립에 적용된 트랜지션 효과의 왼쪽이나 오른쪽 가장자리에 마우스를 가져가면 아래와 같은 모양으로 변경됩니다. 이 때 드래그하면 해당 트랜지션 박스가 늘어나며 효과 적용 시간도 늘어납니다.

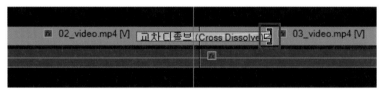

② 클립에 적용된 트랜지션 박스에 우클릭하여 [전환 지속 시간 설정] 메뉴를 선택합니다. 설정 창이 나타나면 [지속 시간] 의 숫자를 변경해 효과 적용 시간을 원하는 대로 변경할 수 있습니다.

③ 클립에 적용된 트랜지션 박스를 선택하면 효과 컨트롤 패널에 지속 시간을 설정할 수 있는 메뉴가 나타납니다. [지속 시간]의 숫자를 변경해 효과 적용 시간을 원하는 대로 변경할 수 있습니다.

장면이 나타나고 사라지는 페이드인/아웃 트랜지션

화면이 서서히 나타났다가, 서서히 사라지는 효과를 적용한 영상들을 자주 볼 수 있습니다. 바로 페이드인 효과와 페이드아웃 효과를 적용한 트랜지션입니다. 이 효과는 감성적인 분위기의 영상에서 자주 사용됩니다. 자막에 활용해도 감성적인 분위기를 연출할 수 있습니다.

1 불투명도로 페이드인/아웃 효과주기

🎬 [예제 파일] – [PART 5] – [효과 컨트롤 페이드인아웃 효과 알아보기.project]

01 [효과 컨트롤 페이드인아웃 효과 알아보기.project] 파일을 실행한 뒤 프로젝트 패널에서 [19_video]를 타임라인으로 드래그하여 V1 트랙, A1 트랙에 위치시킵니다.

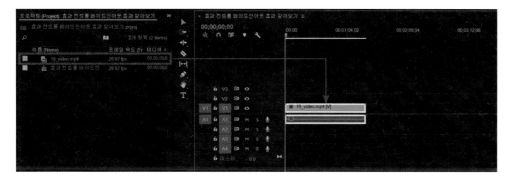

02 재생 헤드 위치를 [00;00;00;00]으로 입력한 뒤 [선택 도구]로 타임라인의 [19_video] 클립을 선택합니다. 효과 컨트롤 패널에서 [불투명도] - [불투명도] : 0%로 설정한 후 왼쪽의 시계 아이콘인 [애니메이션 켜기/끄기] 를 클릭하면 오른쪽에 키프레임이 생성됩니다.

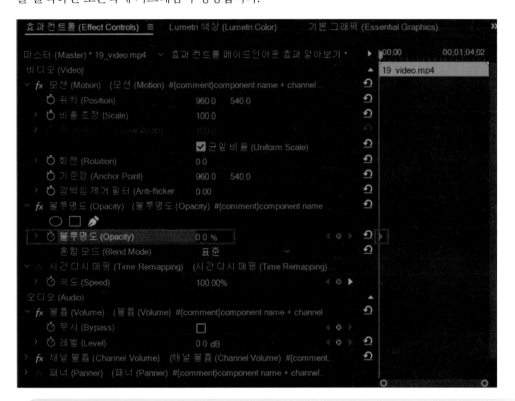

더 알아보기 **불투명도를 알아봅시다**

불투명도란 영상 소스의 투명도를 설정하는 것을 말합니다. 100%라면 투명하지 않다는 것이므로 선명함을 의미합니다. 100%에서 숫자가 내려갈수록 영상이 희미해집니다. 0%가 되면 완전히 투명해져서 보이지 않습니다.

03 재생 헤드 위치를 클릭하여 [00;00;05;00]으로 이동 후 효과 컨트롤 패널에서 [불투명도] - [불투명도] : 100%로 설정합니다. 재생하면 영상에 페이드인 트랜지션 효과가 적용된 것을 확인할 수 있습니다.

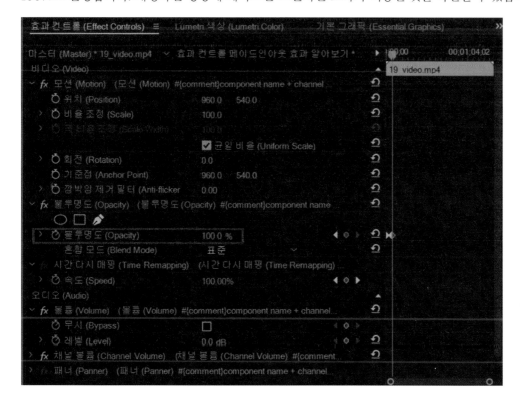

04 이어서 영상히 서서히 사라지는 페이드아웃 트랜지션 효과를 적용해보겠습니다. 재생 헤드 위치를 클릭하여 [00;00;58;00]으로 이동한 후 영상이 서서히 없어지도록 [불투명도] - [불투명도] : 100%로 설정하고 오른쪽의 [키프레임 추가/제거]를 클릭해 키프레임을 생성합니다.

05 재생 헤드 위치를 클릭하여 [00;01;04;00]으로 이동한 후 다시 [불투명도] - [불투명도] : 0%로 설정한 뒤 재생하면 영상이 서서히 나타나는 페이드아웃 트랜지션 효과가 적용된 것을 확인할 수 있습니다.

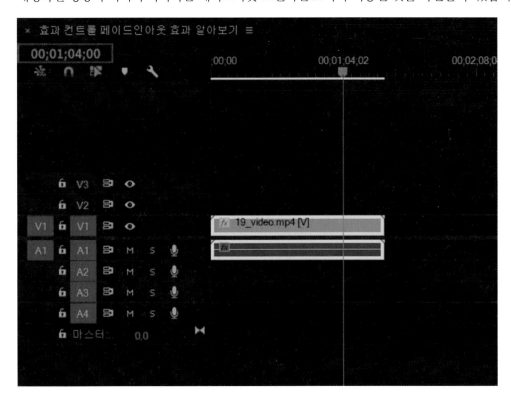

2 교차 디졸브로 페이드인/아웃 효과주기

🎬 [예제 파일] – [PART 5] – [교차 디졸브를 활용한 페이드인아웃 효과만들기.project]

01 [교차 디졸브를 활용한 페이드인아웃 효과 만들기.project] 파일을 실행한 후 프로젝트 패널에서 [23_video] 를 타임라인으로 드래그하여 V1 트랙, A1 트랙에 위치시킵니다.

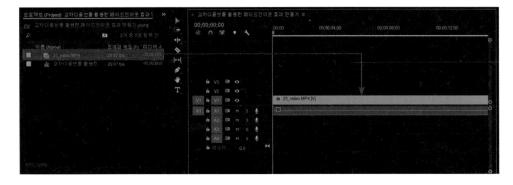

02 효과 패널의 검색창에 [교차 디졸브(Cross Dissolve)]를 입력한 뒤 타임라인 V1 트랙의 왼쪽 끝으로 드래그합니다.

03 효과 패널에서 다시 [교차 디졸브]를 타임라인 V1 트랙의 오른쪽 가장자리로 드래그하여 [교차 디졸브] 효과를 적용시킵니다.

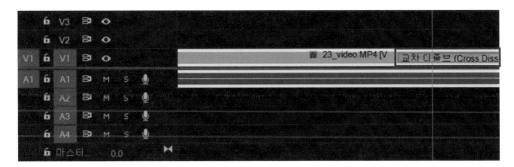

04 이렇게 [교차 디졸브] 효과를 영상의 시작 부분과 끝 부분에 적용시키면 영상이 페이드인/아웃 되는 것을 확인할 수 있습니다.

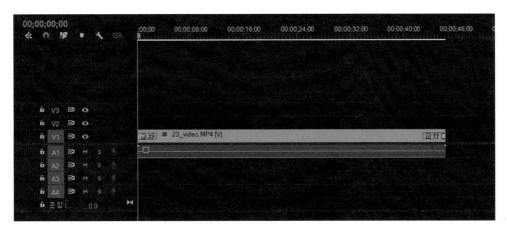

33 화면을 확대하는 줌인 트랜지션

줌인 트랜지션 효과는 화면이 전환되는 시점에 확대되었다가 빨려 들어가는 듯한 드라마틱한 효과를 주는 장면 전환 효과입니다. 다음 장면에 시선을 집중시키고 싶을 때 사용하면 좋습니다.

🎬 [예제 파일] – [PART 5] – [줌인 트랜지션 효과 만들기.project]

01 [줌인 트랜지션 효과 만들기.project] 파일을 실행한 뒤 프로젝트 패널에서 [24_video]와 [25_video]를 타임라인으로 드래그하여 V1 트랙, A1 트랙에 위치시킵니다.

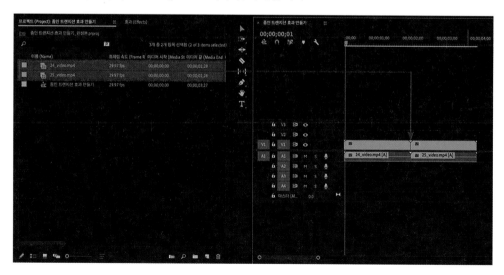

02 프로젝트 패널 하단에서 [새 항목] - [조정 레이어] 메뉴를 클릭하고 [확인]을 누릅니다. 프로젝트 패널에 [조정 레이어]가 생성됩니다.

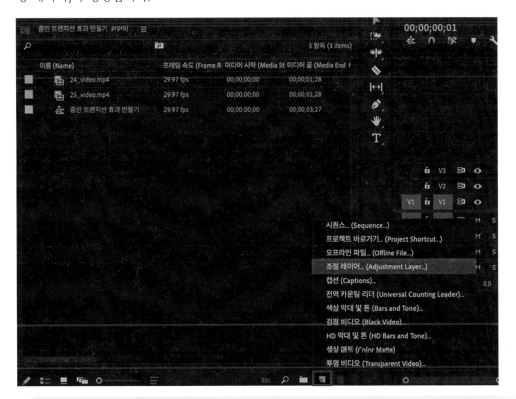

더 알아보기 **조정 레이어를 생성하는 이유가 뭔가요?**

조정 레이어는 쉽게 말하면 다양한 효과를 적용할 수 있는 투명한 도화지입니다. 원본 영상의 손상을 방지하기 위해서 원본 위에 효과를 입히는 용도라고 생각하시면 됩니다.

03 [조정 레이어]를 V2 트랙으로 드래그하여 [25_video] 클립이 시작되는 가장자리에 위치시킵니다. 이어서 재생 헤드 위치를 클릭하여 [00;00;01;29]으로 이동시킨 후 ➡를 6번 눌러서 6프레임을 이동합니다. 이동하고 나면, 재생 헤드 위치는 [00;00;02;05]일 것입니다.

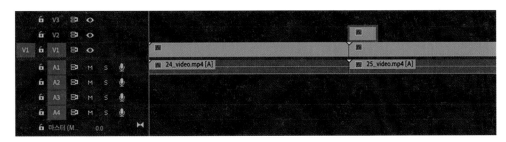

04 [조정 레이어] 클립의 길이를 조절해보겠습니다. [조정 레이어] 클립의 오른쪽 가장자리에 마우스를 가져가면 모양이 바뀌며, 이때 드래그하여 [00;00;02;05]까지 클립 길이를 조절합니다.

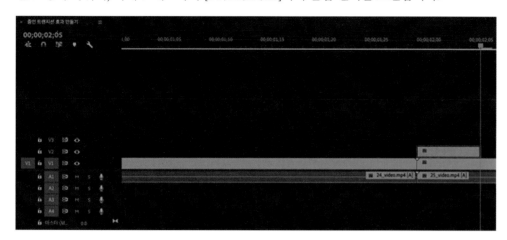

05 V2 트랙의 [조정 레이어]를 꾹 클릭한 상태에서 Alt 를 누른 채로 V3 트랙으로 드래그하여 [조정 레이어]를 복사합니다.

06 재생 헤드 위치를 클릭하여 [00;00;01;29]으로 이동시킨 뒤 이번에는 ← 를 6번 눌러서 6프레임 이동합니다. 재생 헤드 위치가 [00;00;01;23]으로 이동하게 됩니다.

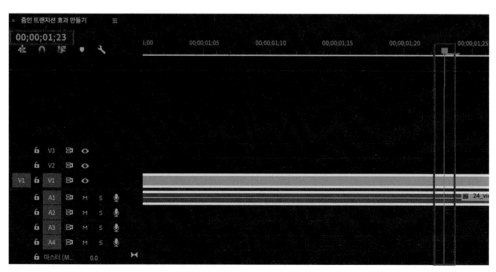

07 V3 트랙의 [조정 레이어] 길이를 조절합니다. 가장자리에 마우스를 가져가면 마우스 모양이 바뀌며, 이때 드래그하여 재생 헤드 위치가 있는 [00;00;01;23]까지 클립 길이를 조절합니다.

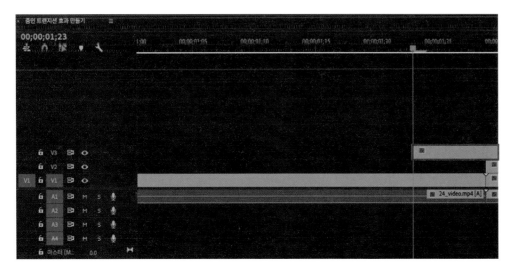

08 효과 패널 검색창에서 [복제]를 입력한 뒤 V2 트랙의 [조정 레이어] 클립에 드래그하여 효과를 적용합니다. 효과 컨트롤 패널에 [복제] 효과가 나타납니다.

09 효과 컨트롤 패널에서 [복제] – [픽셀 수] : 3으로 변경합니다. V2 트랙의 조정 레이어가 시작되는 위치로 재생 헤드를 이동하면 영상이 9분할된 것을 확인할 수 있습니다.

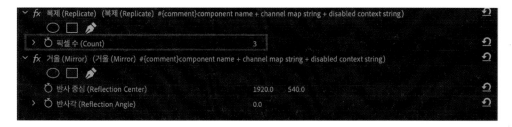

10 다시 효과 패널 검색창에서 [거울]을 입력하고 V2 트랙 [조정 레이어] 클립에 드래그하여 효과를 적용합니다. 효과 컨트롤 패널에서 [거울] – [반사각] : 90도를 입력하고 재생 헤드 위치를 [00;00;01;29]로 이동시킵니다.

11 이어서 [거울] – [반사 중심] : 1920.0, 719.0으로 변경합니다. 프로그램 모니터 패널을 보면 세로를 기준으로 2번째와 3번째 줄의 영상이 위아래로 대칭된 것을 확인할 수 있습니다.

12 효과 컨트롤 패널에서 [거울] 메뉴 이름을 클릭하여 복사 후 붙여넣기를 하면 [거울] 효과가 복사됩니다. 복사 단축키 : Ctrl+C, 붙여넣기 단축키 : Ctrl+V 복사한 거울 메뉴에서 [거울] – [반사각] : -90.0도, [반사 중심] : 1290.0, 360.0으로 변경합니다. 1번째와 2번째 줄 영상이 위 아래로 대칭됩니다.

13 다시 한 번 거울 메뉴를 복사한 뒤 [거울] - [반사각] : 180.0도로 입력합니다. 프로그램 모니터 화면에서 영상이 사라집니다. 이어서 [반사 중심] : 640.0, 360.0을 입력합니다. 1번째와 2번째 줄의 영상이 좌우로 대칭된 것을 확인할 수 있습니다.

14 마지막으로 한 번 더 [거울] 메뉴를 복제합니다. [반사각] : 360.0도로 입력하면 프로그램 모니터 화면에서 오른쪽 부분의 영상이 사라집니다. [반사 중심] : 1279.0, 360.0를 입력하면 2번째와 3번째 줄 영상이 좌우로 대칭된 것을 확인할 수 있습니다.

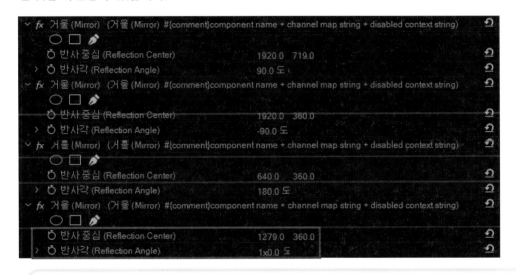

더 알아보기 프리미어 프로에서는 각도를 360도로 설정하면 1x0.0으로 표시됩니다.

15 효과 패널 검색창에서 [변형]을 입력한 뒤 V3 트랙의 [조정 레이어]로 드래그하여 효과를 적용합니다. 효과 컨트롤 패널에 [변형] 효과가 나타납니다.

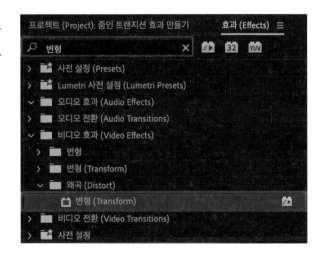

16 재생 헤드 위치를 클릭하여 [00;00;01;23]으로 이동시킨 후 V3 트랙의 [조정 레이어]를 선택한 채로 효과 컨트롤에서 [변형] - [비율 조정] - [애니메이션 켜기/끄기]를 클릭해 키프레임을 생성합니다.

17 재생 헤드 위치를 클릭하여 [00;00;01;29]을 입력해 [24_video]와 [25_video] 클립의 사이로 이동합니다. 이어서 [변형] - [비율 조정] : 300을 입력하면 키프레임이 생성됩니다.

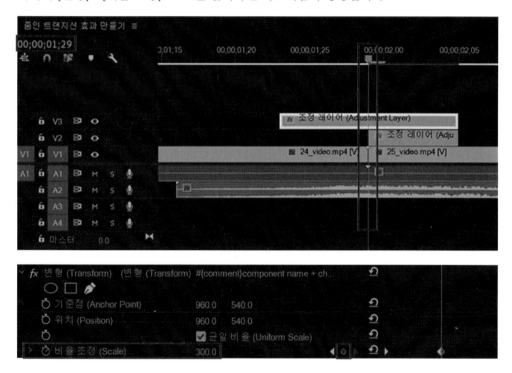

18 [변형] 메뉴 중 [컴포지션의 셔터 각도 사용]을 비활성화하고 [셔터 각도] : 360.0으로 변경합니다.

19 [변형] - [비율 조정]에 생성된 ❶2개의 키프레임을 빈 공간부터 드래그하여 모두 선택합니다. ❷선택된 키프레임에 우클릭하여 나타나는 메뉴 중 [연속 베지어]를 선택합니다. 연속 베지어로 효과의 전환을 수동으로 조절하여 부드러운 전환이 될 수 있도록 해보겠습니다.

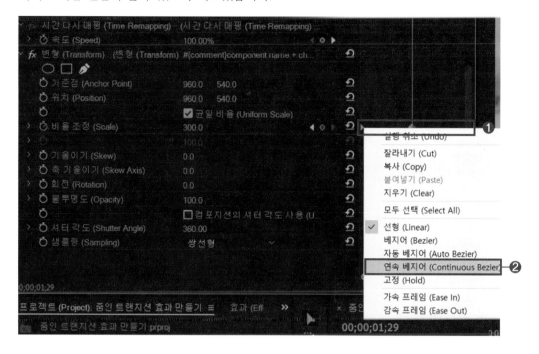

20 [변형] - [비율 조정] 메뉴의 화살표를 클릭하면 [연속 베지어]를 세부적으로 조절할 수 있는 창이 나타납니다.

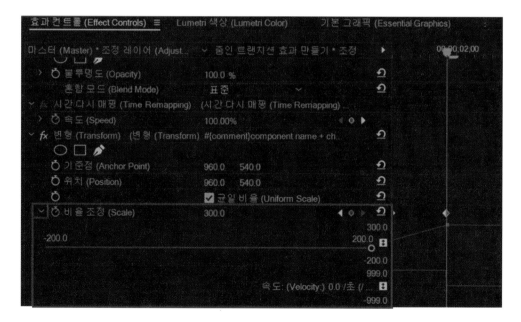

21 [00;00;01;29]에 위치한 ❶키프레임을 선택하면 그래프를 조절할 수 있는 선이 나타납니다. ❷왼쪽 선을 클릭하여 오른쪽으로 솟아나는 듯한 산 모양으로 만들어줍니다. 장면이 바뀔 때의 속도를 조금 더 빠르게 만드는 방법입니다.

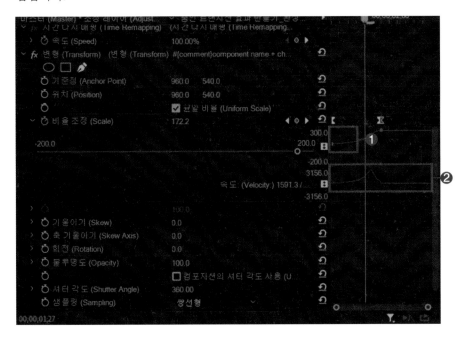

22 프로젝트 패널에서 [Transition_01] 오디오 소스를 타임라인 A2 트랙으로 드래그하여 이동시킵니다

23 재생 헤드 위치를 [00;00;01;16]으로 이동한 후 [선택 도구]로 [Transition_01] 클립을 드래그하여 재생 헤드가 위치한 곳을 시작 지점으로 위치시킵니다.

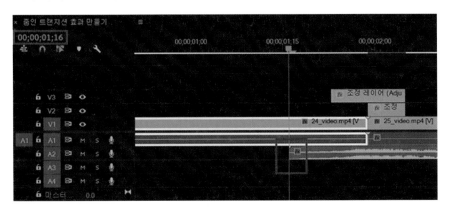

34 | 옆으로 쓱 슬라이드 트랜지션

화면 전환 효과 중에서 옆으로 빠르게 슬라이드 효과처럼 넘어가는 화면 전화 효과가 있습니다.
영상의 속도감 있는 연출이 필요한 경우 해당 트랜지션 효과를 사용하면 좋습니다.

🎬 [예제 파일] – [PART 5] – [퀵 슬라이드 화면 전환 효과.project]

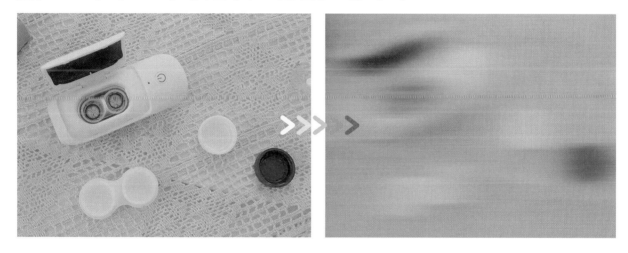

01 [퀵 슬라이드 화면 전환 효과.project] 파일을 실행한 후 프로젝트 패널에서 [11_video]와 [13_video]를 드래
그하여 V1 트랙, A1 트랙에 위치시킵니다.

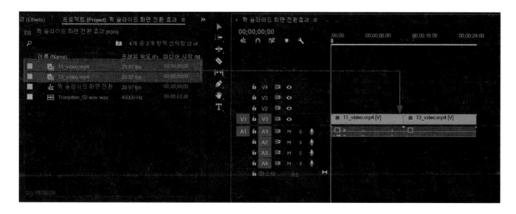

02 우선 컷 편집을 진행하겠습니다. 재생 헤드 위치를 클릭하여 [00;00;03;20]으로 입력한 뒤 [재생 헤드 위치에서 자르기]의 단축키인 [Ctrl]+[K]를 눌러 [11_video] 클립을 자릅니다.

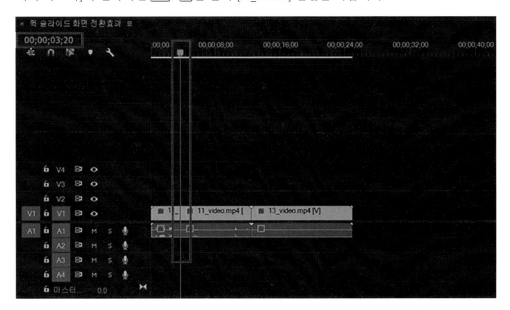

03 [선택 도구]로 [00;00;03;20] 앞 부분의 클립을 선택한 후 [잔물결 삭제]합니다. [Shift]+[Delete]를 눌러 빈 공간이 없도록 클립을 삭제합니다.

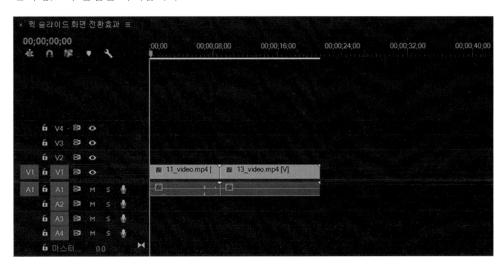

04 재생 헤드 위치를 클릭하여 [00;00;04;00]으로 입력한 뒤 [재생 헤드 위치에서 자르기]의 단축키인 Ctrl+K를 눌러 클립을 자릅니다.

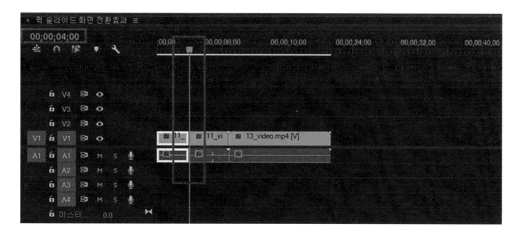

05 [선택 도구]로 [00;00;04;00] 뒷 부분의 클립을 선택한 후 [잔물결 삭제] 합니다. Shift+Delete를 눌러 [11_video]의 컷 편집을 완성합니다.

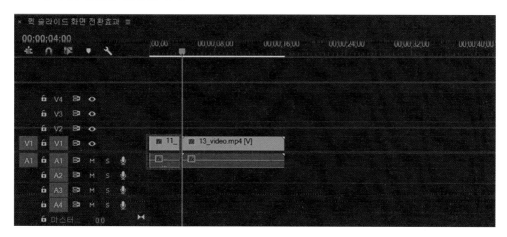

06 이어서 [13_video] 클립의 컷 편집을 진행하겠습니다. 재생 헤드 위치를 클릭하여 [00;00;10;25]으로 입력한 뒤 [재생 헤드 위치에서 자르기] Ctrl+K를 눌러 클립을 자릅니다.

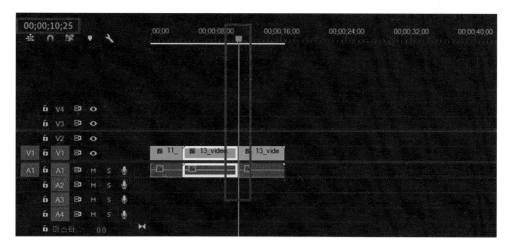

07 [선택 도구]로 [00;00;10;25] 앞 부분의 클립을 선택한 후 [잔물결 삭제] 합니다. Shift + Delete 를 눌러 클립을 삭제합니다.

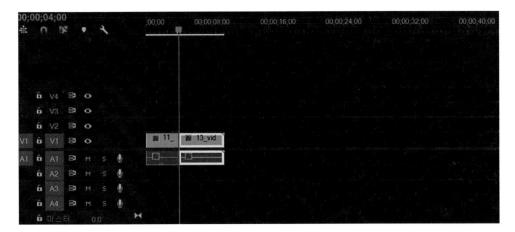

08 같은 방식으로 [00;00;07;00]으로 이동한 뒤 [재생 헤드 위치에서 자르기]로 [13_video] 클립을 자르고, [00;00;07;00] 뒷 부분의 클립을 [잔물결 삭제] 합니다. 컷 편집 완성입니다.

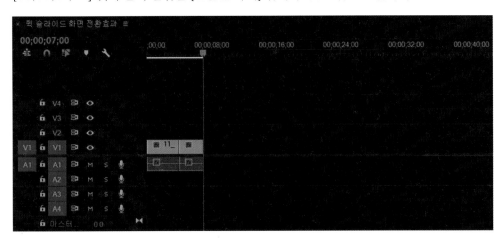

09 효과 패널의 [밀어내기]를 이용해 슬라이드 트랜 지션을 만들어보겠습니다. [효과 패널] 검색창에서 [밀어내기]를 입력한 후 [11_video]와 [13_video] 클립 사이로 드래그합니다.

10 [밀어내기] 박스에 우클릭하여 [전환 지속 시간 설정] 메뉴를 클릭합니다. 설정 창이 나타나면 [지속 시간] : 00;00;00;05로 입력한 후 [확인]을 누릅니다. [밀어내기] 박스의 길이가 줄어든 것을 확인할 수 있습니다.

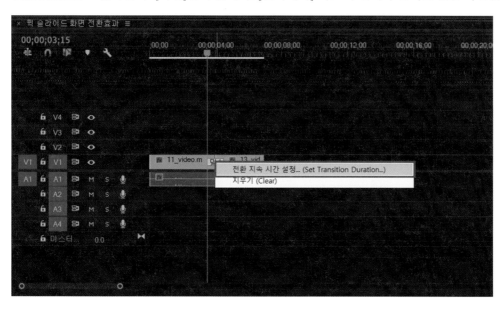

11 프로젝트 패널 하단에서 [새 항목]을 클릭하여 [조정 레이어]를 선택합니다. 프로젝트 패널에 [조정 레이어] 가 생성됩니다.

12 [조정 레이어]를 V2 트랙으로, [11_video]와 [13_video] 사이로 드래그합니다.

13 [조정 레이어]의 클립을 세심하게 조절하기 위해 [+]를 눌러 타임라인 영역을 확대합니다. [조정 레이어] 클립의 가장자리로 마우스를 이동한 후 마우스의 모양이 바뀌면 드래그하여 [밀어내기] 박스 길이와 동일한 길이로 조절합니다.

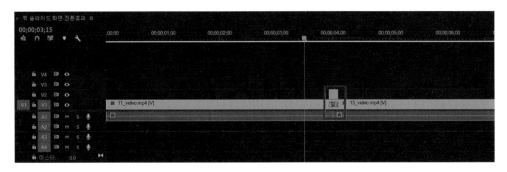

14 영상에 흐림 효과를 더해보겠습니다. 효과 패널의 검색창에서 [방향 흐림]를 입력한 뒤 [조정 레이어]에 드래그하여 효과를 적용합니다. 효과 컨트롤 패널 하단에 [방향 흐림] 효과가 나타난 것을 확인할 수 있습니다.

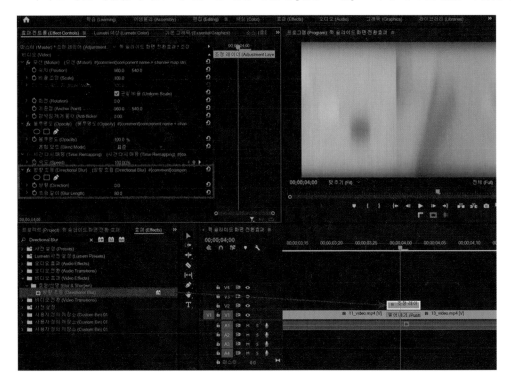

15 [조정 레이어]를 선택한 후 [효과 컨트롤] - [방향 흐림] - [흐림 길이] : 80.0을 입력합니다. 프로그램 모니터 화면에 영상이 흐려진 것을 확인할 수 있습니다. 이어서 [방향] : 90.0도로 변경하면 [흐림 길이]의 방향이 변한 것을 확인할 수 있습니다.

16 프로젝트 패널에서 [Transition_02] 효과음을 A2 트랙으로 드래그하여 [조정 레이어]가 시작되는 지점과 일치시킵니다.

17 영상을 재생하면 해당 퀵 슬라이드 효과가 적용된 것을 확인할 수 있습니다. 효과 적용 시간을 변경하고 싶은 경우 [밀어내기] 효과와 [조정 레이어]의 길이를 조절하면 됩니다.

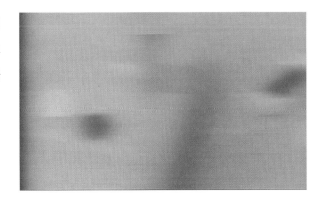

꿀팁 **화면 전환 효과 한번에 적용하는 방법**

다양한 트랜지션 효과를 단축키를 활용해 쉽게 적용할 수 있습니다. 다중 클립에도 한번에 적용하는 방법을 알아보겠습니다.

[예제 파일] – [PART 5] – [트랜지션 효과 한번에 적용하기.project]

① [트랜지션 효과 한번에 적용하기.project]를 실행합니다. 이미 편집된 클립에 트랜지션 효과를 한꺼번에 적용해보겠습니다. 타임라인 패널의 빈 공간에서부터 드래그하여 [01_video] ~ [06_video]의 클립을 모두 선택합니다.

② 효과 패널의 검색창에 [흰색으로 물들이기]를 입력한 뒤 해당 메뉴에 우클릭하여 [선택한 항목을 기본 전환으로 설정]을 선택합니다.

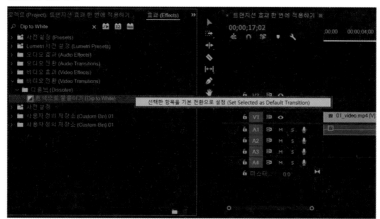

▶ 여기서 잠깐!
   흰색으로 물들이기가 아닌 [비디오 전환]에서 원하는 장면 전환 효과를 선택하셔도 단축키로 설정할 수 있습니다. [선택한 항목을 기본 전환으로 설정] 메뉴를 사용해야 합니다.

③ 기본 전환 효과로 설정하면 트랜지션 효과 아이콘에 파란 테두리가 생깁니다. 트랜지션 효과를 적용하려는 클립을 모두 선택한 뒤 비디오 전환 적용 단축키인 Ctrl + D를 누릅니다.

CHAPTER **2**

정보를 효과적으로 전달하는 자막 만들기

소리 없이도 정보와 재미를 전하는 영상 편집의 꽃 자막, 더군다나 SNS 광고 영상에서는
짧은 시간 내 핵심 정보를 전달하는 것이 중요하므로 필수적입니다.

35 | 폰트 설치하기

자막은 폰트가 중요합니다. 폰트 스타일이 분위기를 좌우하기 때문에 목적에 맞게 선택하는 것이 중요합니다. 폰트를 다운받고 설치하는 방법을 알아보겠습니다.

01 [새로운 나눔손글씨 글꼴]을 검색합니다. 상단에 [새로운 나눔손글씨 글꼴 - 네이버 클로바]를 클릭합니다.

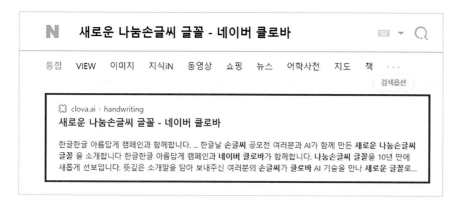

02 해당 사이트에서 스크롤하여 [109종 글꼴 모두 보기]를 클릭합니다. 오른쪽 상단 [글꼴명을 검색해보세요] 검색창에 [바른히피]를 검색하면 [나눔손글씨 바른히피] 폰트가 나타납니다.

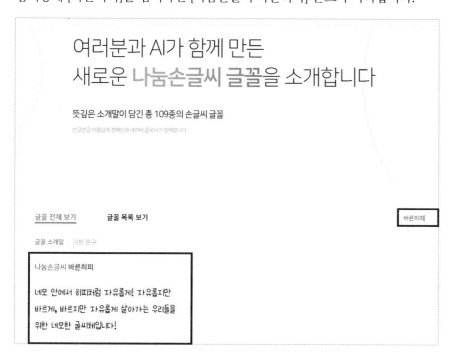

03 해당 폰트 박스를 클릭하고 [설치하기]를 눌러 폰트를 다운받습니다.

04 다운 받은 폴더로 가서 [나눔손글씨 바른히피] 폰트를 더블클릭한 뒤 [설치]를 눌러 설치합니다.

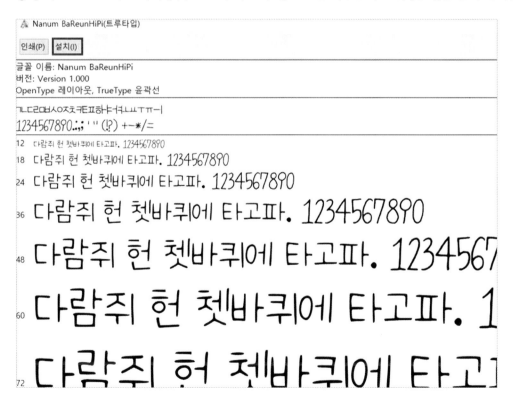

SECTION

36 | 기본적인 **자막 만들기**

영상에서 제일 많이 사용되며 대화 내용 및 정보가 많은 경우에 사용합니다. [문자 도구]만으로 쉽고 간편하게 자막을 만들 수 있습니다.

🎬 [예제 파일] – [PART 5] – [기본 자막 만들기.project]

01 [PART 5] – [기본 자막 만들기.project] 파일을 실행한 뒤 자막을 다루는 데 필요한 기본 그래픽 패널을 [창] – [기본 그래픽]으로 활성화합니다.

02 도구 패널에서 영상에 글자를 삽입하는 [문자 도구]를 선택합니다. 프로그램 모니터로 마우스를 이동하여 자막을 넣고 싶은 화면 위치에 클릭합니다. 빨간색 텍스트 상자 모양이 나타나면 글자를 입력할 수 있습니다.

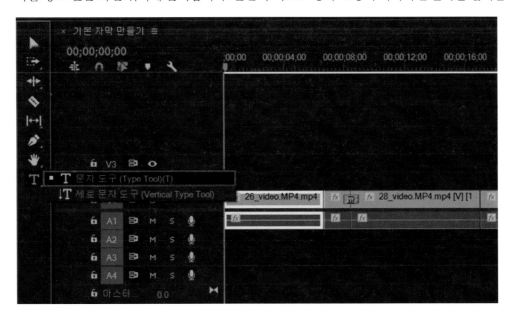

03 빨간색 텍스트 상자 모양이 나타나면 "100% 국내산 팥을 로스팅하여 만든 앙금 사입니다."를 입력합니다. 도구 패널에서 [선택 도구]를 클릭하여 글자 작성을 완료합니다.

> **더 알아보기** 텍스트 입력시 글자가 [ㅁ] 모양으로 나온다면 영어 글자만 지원하는 폰트를 사용했기 때문입니다. 한글 지원이 되는 폰트로 변경하시면 됩니다.

04 [기본 그래픽] 패널에서 자막을 세심하게 조절해보겠습니다. V2 트랙에 생긴 자막 클립을 선택하면 [기본 그래픽]에 입력한 자막이 나타납니다. 자막 글자를 더블클릭하여 프로그램 모니터에서 해당 레이어의 모든 글자를 선택합니다.

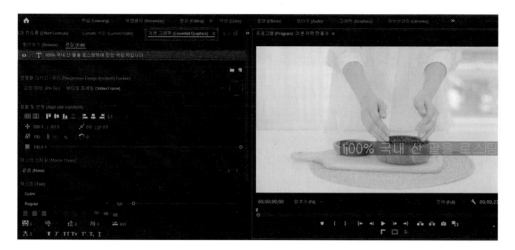

05 이어서 폰트를 바꿔보겠습니다. [텍스트] 메뉴에서 화살표를 클릭하여 [나눔손글씨 바른히피]를 선택합니다. [글꼴 크기] : 70, 정렬은 [텍스트 가운데 맞춤], [자간] : -10으로 입력합니다.

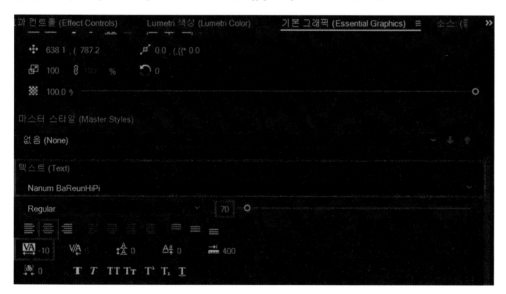

06 자막에 색상을 입혀보겠습니다. [모양]에서 [칠]에 체크 표시합니다. 색상 박스를 클릭하면 [색상 피커] 창이 나타납니다. 해당 창에서 원하는 색을 지정할 수 있습니다. 색상 코드 입력 창에 525252로 입력 후 [확인]을 클릭합니다.

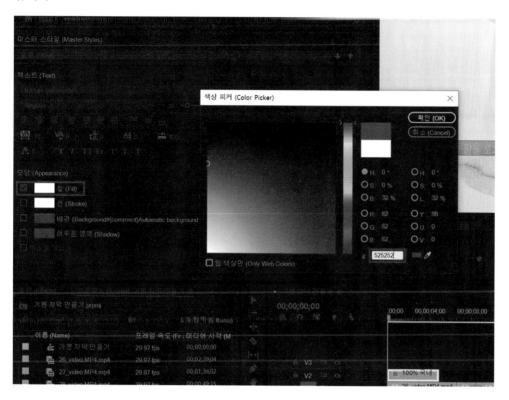

07 화면에 자막이 잘 보이지 않아 선명하게 보이도록 [선]을 추가해보겠습니다. [선]에 체크 표시한 뒤 색상 박스를 클릭하여 [색상 피커] 창의 색상 코드 입력 창에 D2D2D2를 입력 후 [확인]을 클릭합니다. 이어서 선의 굵기도 조절합니다. 우측의 1.0을 5.0으로 변경합니다.

08 [선택 도구]로 프로그램 모니터 패널에서 자막을 드래그하여 원하는 위치로 이동합니다. 자막이 영상의 중앙에 정확하게 배치되도록 기본 그래픽 패널에서 [정렬 및 변형] - [가로 가운데]를 클릭합니다.

09 영상이 끝나기 직전까지 자막이 나타나도록 V2 트랙의 자막 클립 길이를 조절하겠습니다. [선택 도구]로 V2 자막 클립을 [00;00;00;00]으로 드래그한 뒤 가장자리를 잡고 [28_video]가 끝나는 지점까지 드래그합니다.

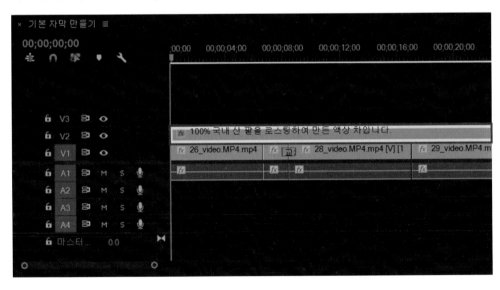

SECTION

37 글자의 길이에 따라 늘어나고
줄어드는 반응형 자막 만들기

박스 속 자막은 장면마다 색감이 달라지는 영상에서 톤을 유지하는 기능을 하며 가독성을 높입니다.
글자 길이에 따라 색상 박스의 길이도 따라 변하는 반응형 자막 만드는 방법을 2가지 알아보겠습니다.

1 고정 대상(Pin To)을 활용한 자막 바 만들기

🎬 [예제 파일] – [PART 5] – [반응형 자막 바 만들기.project]

01 도구 패널에서 [문자 도구]로 프로그램 모니터에 "친구들과 함께 있는 순간에도"를 입력하고 [선택 도구]를 선택해 글자 작성을 완료합니다.

02 이어서 기본 그래픽 패널에서 [편집] 메뉴의 글자를 더블클릭하여 자막 레이어의 모든 글자를 선택한 뒤 [텍스트] 메뉴에서 [나눔손글씨 바른히피]로 폰트를 변경합니다. 이어서 [글꼴 크기] : 60, 정렬은 [텍스트 왼쪽 맞춤], [자간] : 0으로 입력합니다.

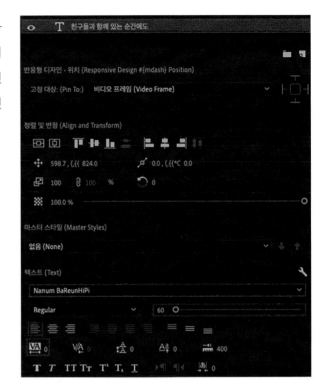

03 자막 색상은 하얀색으로 설정하겠습니다. [모양]에서 [칠]을 체크 표시합니다. 색상 박스를 클릭하면[색상 피커] 창이 나타납니다. 색상 코드 입력 창에 FFFFFF로 입력 후 [확인]을 클릭합니다.

04 글자를 프로그램 모니터상에서 중앙(가로)으로 배치해보겠습니다. 기본 그래픽 패널에서 [정렬 및 변형] - [가로 가운데]를 클릭합니다.

05 시퀀스 확대 단축키 ⊞를 눌러 타임라인 영역을 확대합니다. ❷V2 트랙에 생성된 자막 클립의 가장자리를 드래그하여 ❶[30_video.mp4]의 클립 길이와 동일하도록 조절합니다.

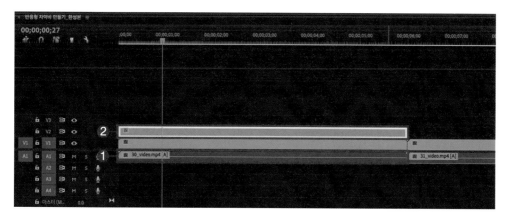

06 ❶[선택 도구]로 V2 트랙의 자막 클립을 선택한 뒤 ❷[펜 도구]를 꾹 눌러 나타나는 다양한 도형 중 [사각형 도구]를 선택합니다.

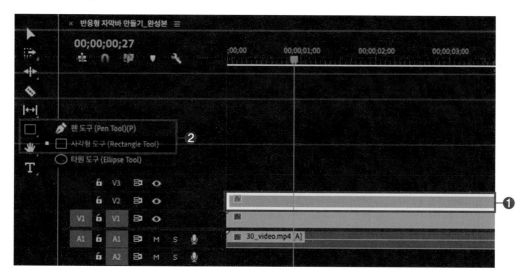

07 프로그램 모니터에 드래그하여 작성한 자막 길이와 폰트 크기만큼 사각형 도형을 생성합니다.

08 자막이 사각형 도형에 가려진 상태입니다. 기본 그래픽 패널의 [편집]을 보면 모양 레이어가 자막 레이어의 위에 위치해 있을 것입니다. 모양 레이어를 자막 레이어 아래로 이동시키면 자막이 도형 위로 나타나게 됩니다.

09 사각형 도형인 자막 박스의 색상을 변경해보겠습니다. ❶[편집]에서 모양 레이어를 선택한 상태로 ❷[모양] - [칠]을 체크 표시합니다. ❸색상 박스를 클릭하면 [색상 피커] 창이 나타납니다. 색상은 하얀색 자막이 잘 보일 수 있도록 대비되는 색상인 검은색 [000000]으로 입력한 후 [확인]을 클릭합니다.

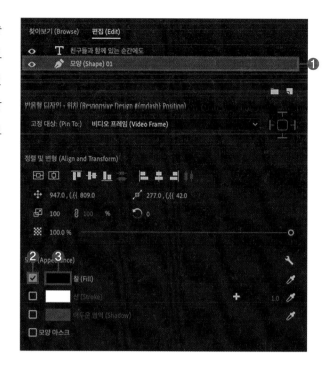

10 자막 박스의 색상이 너무 진해서 투명도를 이용해 조정해보겠습니다. 기본 그래픽 패널에서 [정렬 및 변형] - [애니메이션 불투명도 전환] : 95.0%로 입력합니다. 색상이 살짝 투명해진 것을 확인할 수 있습니다.

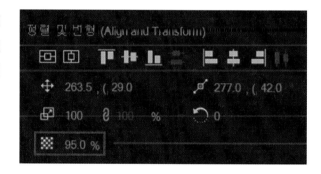

11 자막 박스의 자막이 중앙으로 오도록 정렬해보겠습니다. ❶Ctrl을 누른 채로 자막 레이어와 모양 레이어를 선택한 뒤 ❷기본 그래픽 패널에서 [정렬 및 변형] - [세로로 정렬]과 [가로로 정렬]을 클릭하면 자막 박스에 글자가 중앙으로 정렬됩니다.

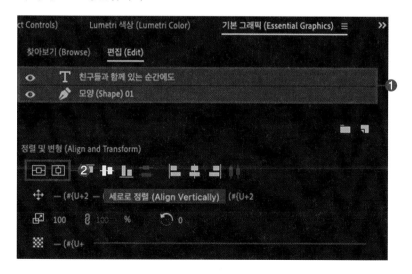

12 이제 글자가 늘어나면 자막 박스도 늘어나도록 만들어 보겠습니다. ❶기본 그래픽 패널에서 [모양(Shape) 01]을 선택한 후 ❷[반응형 디자인-위치] - [고정 대상] : "친구들과 함께 있는 순간에도"로 변경합니다.

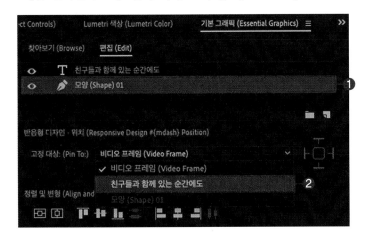

13 [고정 대상] 메뉴 우측에 있는 ❶[고정에 사용할 부모 레이어의 가장자리를 선택합니다]에서 ❷중간에 있는 네모 박스를 선택합니다. 네모 박스를 클릭하면 네모 박스의 가장자리 선들이 파란색으로 활성화됩니다.

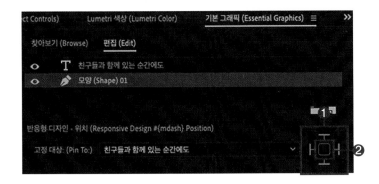

14 이제부터 자막의 내용이 변해 길이가 달라져도 그에 맞춰 색상 박스의 길이도 변하게 됩니다.

2 반응형 자막 바 10초만에 만들기(2019 CC 버전부터)

🎬 [예제 파일] – [PART 5] – [10초만에 만드는 반응형 자막 바.project]

01 [10초만에 만드는 반응형 자막 바.project]를 실행한 뒤 **❶**[00;00;06;00]으로 재생 헤드를 이동시킨 후 [문자 도구]로 프로그램 모니터에 **❷**"핸드폰을 활용하여 우리들만의 분위기를 만들어보세요!" 자막을 생성합니다.

02 자막의 설정을 변경해보겠습니다. 기본 그래픽 패널의 [편집] 메뉴의 글자를 더블클릭하여 자막 레이어의 모든 글자를 선택합니다. [텍스트] - [나눔손글씨 바른히피], [글꼴 크기] : 60, 정렬은 [텍스트 왼쪽 맞춤], [자간] : 0으로 설정합니다.

03 ❶[모양] - [칠] - [자막 색상] : FFFFFF로 자막 색상을 하얀색으로 설정합니다. 반응형 자막 박스를 만들기 위하여 ❷기본 그래픽 패널의 [편집]에서 자막 레이어를 선택하고 [모양] - [배경] 체크 박스를 표시합니다.

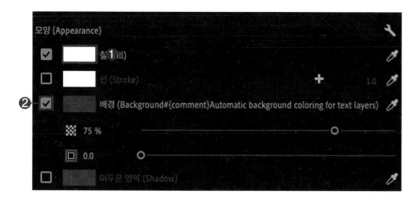

04 [배경]의 색상 박스를 클릭하여 [색상 피커] 창이 나타나게 합니다. 색상은 하얀색 자막과 대비되는 색상인 검은색 [000000]으로 선택하고, [불투명도] : 95%, [크기] : 13으로 변경합니다. 동그라미 아이콘을 좌우로 드래그하여 조절할 수 있습니다.

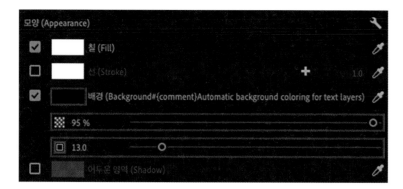

05 자막을 영상의 중앙(가로)에 배치합니다. 기본 그래픽 패널에서 [정렬 및 변형] - [가로 가운데]를 클릭합니다.

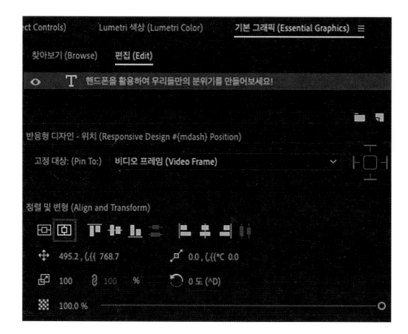

06 자막 바가 생성됐습니다. 자막이 길어지면 자막 바도 길어지는 반응형 자막 바입니다.

SECTION
38 재미를 불어넣는 **예능 자막 만들기**

TV 광고, 예능 프로그램, SNS 광고 영상 등 다양한 곳에서 재미 요소로 활용되는 자막을 일명 '예능 자막'이라고 합니다. 예능 자막을 활용하여 영상을 만들면 영상에 재미를 효과적으로 더할 수 있습니다. 만드는 방법은 다소 복잡하지만, 천천히 만들어 보도록 하겠습니다.

🎬 [예제 파일] – [PART 5] – [예능 자막 만들기.project]

01 [예능 자막 만들기.project]를 실행하면 프로그램 모니터 화면이 검은색으로 되어 있습니다. 색상을 변경해보겠습니다. 프로젝트 패널에서 [새 항목] - [색상 매트]를 클릭하고, [새 색상 매트]가 나타나면 [확인]을 누릅니다.

02 [색상 피커] 창에서 색상 코드 입력 창에 FEB8E8
로 입력 후 [확인]을 누릅니다. [이름 선택] : 분홍색 도
화지로 입력 후 [확인]을 누릅니다.

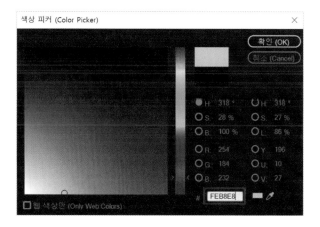

03 프로젝트 패널의 [분홍색 도화지] 색상 매트를 V1 트랙에 놓으면 프로그램 모니터 화면이 분홍색으로 변합
니다.

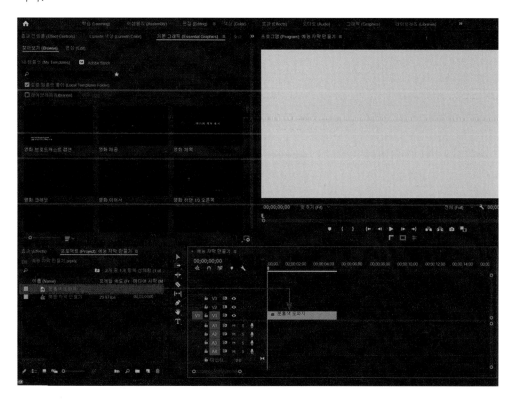

04 예능 자막을 만들어 보겠습니다. 도구 패널의 [문자 도구]로 프로그램 모니터에 "모두 만나서 반가워요"를 입력하고 [선택 도구]를 선택해 글자 작성을 완료합니다.

05 이어서 기본 그래픽 패널에서 [편집] 메뉴의 글자를 더블클릭하여 자막 레이어의 모든 글자를 선택한 뒤 [텍스트] 메뉴에서 [Gmarket Sans]로 폰트를 변경합니다. 이어서 [글꼴 스타일]은 [Bold], [글꼴 크기] : 150 , 정렬은 [텍스트 왼쪽 맞춤], [자간] : 0으로 입력합니다.

06 글자를 프로그램 모니터 상에서 가운데로 이동해보
겠습니다. [세로 가운데]와 [가로 가운데]를 클릭합니다.

07 기본 그래픽 패널에서 ❶[편집] 메뉴의 글자를 더블클릭하여 자막 레이어의 모든 글자를 선택한 뒤 ❷프로그
램 모니터에서 [모두] 글자만 드래그합니다. 이어서 자막 색상을 변경하겠습니다. [모양] - [칠]에 체크 표시합니
다. 색상 박스를 클릭하면[색상 피커] 창이 나타납니다. 색상 코드 입력 창에 FFF395로 입력한 후 [확인]을 누릅
니다. 이어서 [선]도 체크 표시한 후 색상 코드를 F46CB5로 변경합니다. 선의 굵기는 10.0으로 설정합니다.

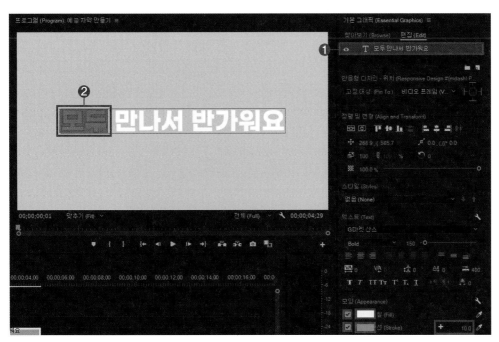

08 [만나서] 자막 색상을 변경하겠습니다. 프로그램 모니터에서 [만나서] 글자만 드래그합니다. 이어서 자막 색상을 변경하겠습니다. [모양] - [칠]에 체크 표시합니다. 색상 박스를 클릭하면 [색상 피커] 창이 나타납니다. 색상 코드 입력 창에 FFFFFF로 입력한 후 [확인]을 누릅니다. 이어서 [선]도 체크 표시한 후 색상 코드를 F46CB5로 변경합니다. 선의 굵기는 10.0으로 설정합니다.

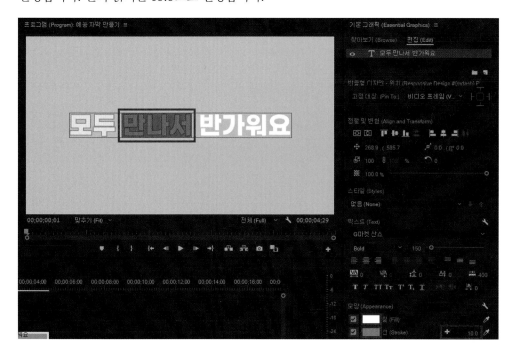

09 [반가워요] 자막 색상을 변경하겠습니다. 프로그램 모니터에서 [반가워요] 글자만 드래그합니다. 이어서 자막 색상을 변경하겠습니다. [모양] - [칠]에 체크 표시합니다. 색상 박스를 클릭하면[색상 피커] 창이 나타납니다. 색상 코드 입력 창에 FF508E로 입력한 후 [확인]을 누릅니다. 이어서 [선]도 체크 표시한 후 색상 코드를 FFFFFF로 변경합니다. 선의 굵기는 10.0으로 설정합니다.

10 도구 패널에서 [선택 도구]를 선택한 후 ❶V2 트랙의 자막 레이어를 선택한 뒤 Alt 를 누른 채로 V2 트랙 위로 드래그합니다. 바로 위인 V3 트랙에 클립이 복사가 됩니다. ❷V3 트랙의 [트랙 출력 켜기/끄기]를 클릭해 소스가 보이지 않도록 합니다.

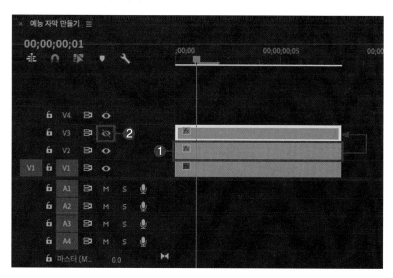

11 V2 트랙 자막 레이어의 색상을 변경하겠습니다. 프로그램 모니터에서 [모두] 글자만 드래그하고 [모양] – [칠]의 색상 박스를 클릭해 나타난 [색상 피커] 창에 E7425C를 입력합니다. 이어서 [선]도 체크 표시한 후 색상 코드를 E7425C로 변경합니다. 선의 굵기는 10.0으로 설정합니다.

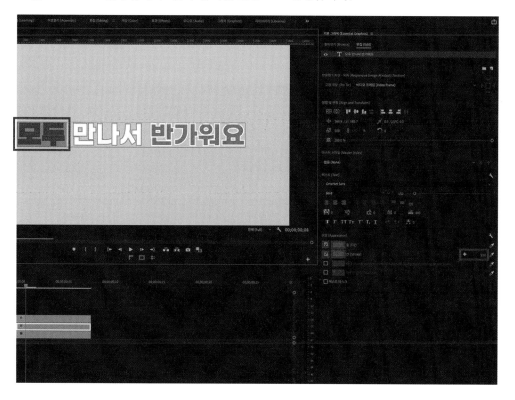

12 [만나서] 자막 색상을 변경하겠습니다. 프로그램 모니터에서 [만나서] 글자만 드래그하고 [모양] - [칠]의 색상 박스를 클릭해 나타난 [색상 피커] 창에 E7425C를 입력합니다. 이어서 [선]도 체크 표시한 후 색상 코드를 E7425C로 변경합니다. 선의 굵기는 10.0으로 설정합니다.

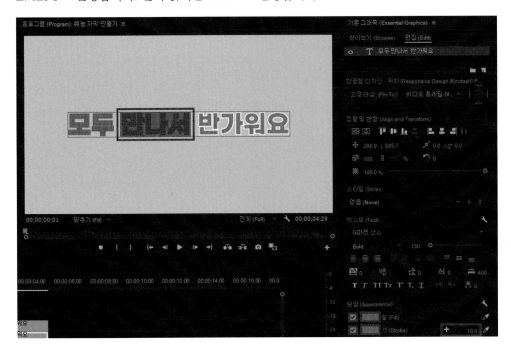

13 [반가워요] 자막 색상을 변경하겠습니다. 프로그램 모니터에서 [반가워요] 글자만 드래그하고 [모양] - [칠]의 색상 박스를 클릭해 나타난 [색상 피커] 창에 FFE397을 입력합니다. 이어서 [선]도 체크 표시한 후 색상 코드를 FFE397로 변경합니다. 선의 굵기는 10.0으로 설정합니다.

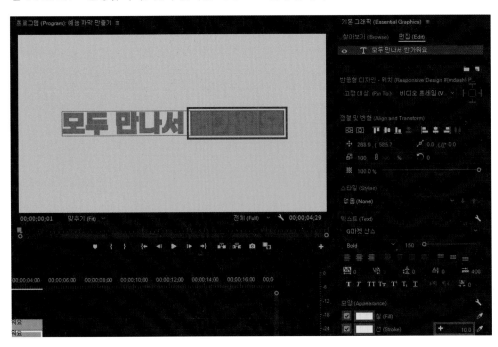

14 V3 트랙의 [트랙 출력 켜기/끄기]를 클릭하여 다시 소스가 보이도록 변경합니다. V2 트랙의 자막 위치를 조절하여 입체감을 형성해보겠습니다. V2 트랙을 선택하고 효과 컨트롤 패널에서 [모션] – [위치] : 964.0, 545.0으로 변경하면 입체감 있는 예능 자막이 완성됩니다.

SECTION 39

통통 튀는
생동감 있는 예능 자막 만들기

글자에 통통 튀는 모션 효과를 적용해 자막에 시선을 집중시킬 수 있습니다. 생동감 있는 자막에 시선이 가게 되어 정보 전달에 효과적입니다.

🎬 [예제 파일] – [PART 5] – [통통 튀는 자막 만들기.project]

01 [통통 튀는 자막 만들기.project]를 실행합니다. 자막을 생성하겠습니다. 도구 패널에서 [문자 도구]로 프로그램 모니터에 "가볍게 터치"를 입력하고 [선택도구]를 선택해 글자 작성을 완료합니다.

216 CHAPTER 2 정보를 효과적으로 전달하는 자막 만들기

02 이어서 기본 그래픽 패널에서 [편집] 메뉴의 글자를 더블클릭하여 자막 레이어의 모든 글자를 선택한 뒤 [텍스트] 메뉴에서 [Gmarket Sans]로 폰트를 변경합니다. 이어서 [글꼴 스타일]은 [Bold], [글꼴 크기] · 110 , 정렬은 [텍스트 왼쪽 맞춤], [자간] : -30으로 입력합니다.

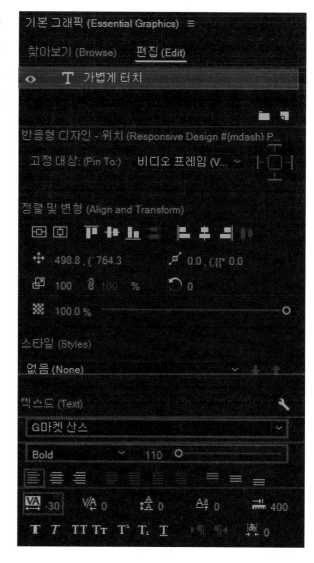

03 [가볍게 터치] 사막 색상을 변경하겠습니다. 프로그램 보니터에서 [가볍게 터치] 글자를 드래그하고 [모양] – [칠]의 색상 박스를 클릭해 나타난 [색상 피커] 창에 FFFAC5를 입력합니다. 이어서 [선]도 체크 표시한 후 색상 코드를 452001로 변경합니다. 선의 굵기는 6.0으로 설정합니다.

04 [가볍게 터치] 자막의 위치를 조절하겠습니다. [효과 컨트롤] - [텍스트] - [변형] - [위치] : 263.0, 955.0 으로 설정합니다.

05 시퀀스 확대 단축키 ⊞를 눌러 타임라인 영역을 확대합니다. V2 트랙의 자막 클립 가장자리를 드래그하여 [32_video]의 클립 길이와 동일하도록 조절합니다. 글자에 입체감을 더하는 소스로 사용하기 위하여 V2 트랙의 클립을 선택하여 Alt를 누른 채 드래그하여 V3 트랙으로 복사합니다.

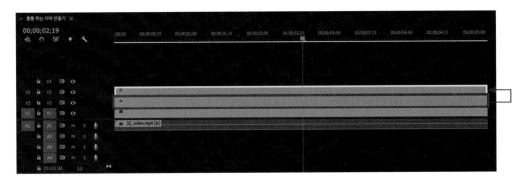

06 [가볍게 터치] 자막에 입체감을 적용해보겠습니다. V2 트랙의 클립을 선택하고 프로그램 모니터에서 [가볍게 터치] 글자를 드래그한 뒤 [모양] - [칠]의 색상 박스를 클릭해 나타난 [색상 피커] 창에 452001을 입력합니다.

07 V2 트랙 클립을 선택한 상태로 [효과 컨트롤] –
[텍스트] – [변형] – [위치] : 266.0, 959.0으로 설정하면
자막에 입체감이 형성됐음을 확인할 수 있습니다.

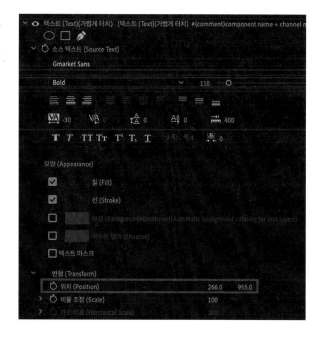

08 비디오 트랙을 깔끔하게 정리해보겠습니다. V2 트랙, V3 트랙을 드래그하여 전체 선택한 뒤 클립에 우클릭
하여 [중첩]을 선택합니다. 이름은 [가볍게 터치]라고 입력합니다. 하나의 클립으로 트랙이 묶입니다.

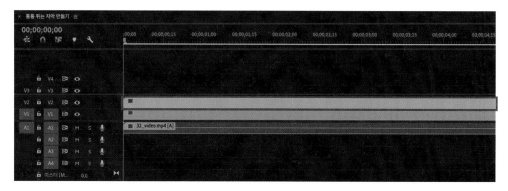

09 [문자 도구]로 프로그램 모니터에 "한 번으로"를 입력하고 [선택 도구]를 선택해 글자 작성을 완료합니다.

10 이어서 기본 그래픽 패널에서 [편집] 메뉴의 글자를 더블클릭하여 자막 레이어의 모든 글자를 선택한 뒤 [텍스트] 메뉴에서 [Gmarket Sans]로 폰트를 변경합니다. 이어서 [글꼴 스타일]은 [Bold], [글꼴 크기] : 110 , 정렬은 [텍스트 왼쪽 맞춤], [자간] : -30으로 입력합니다.

11 [한 번으로] 자막 색상을 변경하겠습니다. 프로그램 모니터에서 [한 번으로] 글자를 드래그한 뒤 [모양] - [칠]의 색상 박스를 클릭해 나타난 [색상 피커] 창에 FFFFFF를 입력합니다. 이어서 [선]도 체크 표시한 후 색상 코드를 452001로 변경합니다. 선의 굵기는 6.0으로 설정합니다.

12 [한 번으로] 자막의 위치를 조절하겠습니다. [효과 컨트롤] - [텍스트] - [변형] - [위치] : 823.0, 955.0으로 설정합니다.

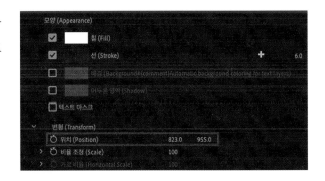

13 V3 트랙에 생성된 자막 클립의 가장자리를 드래그하여 [32_video]의 클립 길이와 동일하도록 조절합니다. 글자에 입체감을 더하는 소스로 사용하기 위해 V3 트랙의 클립을 Alt 를 누른 채 드래그하여 V4 트랙으로 복사합니다.

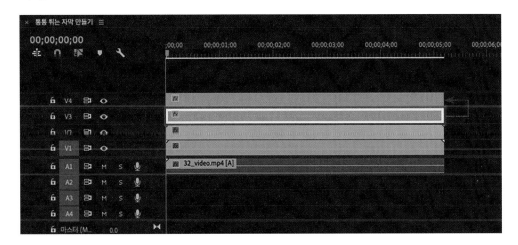

14 [한 번으로] 자막에 입체감을 적용해보겠습니다. V3 트랙의 자막 클립을 선택하여 기본 그래픽 패널에서 [편집] 메뉴의 글자를 더블클릭해 자막 레이어의 모든 글자를 선택합니다. [모양] – [칠]의 색상 박스를 클릭해 나타난 [색상 피커] 창에 452001을 입력합니다.

15 V3 트랙 클립을 선택한 상태로 [효과 컨트롤] - [텍스트] – 변형 – [위치] : 826.0, 959.0으로 설정하면 자막에 입체감이 형성됐음을 확인할 수 있습니다.

16 비디오 트랙을 깔끔하게 정리해보겠습니다. V3 트랙, V4 트랙을 드래그하여 전체 선택한 뒤 우클릭하여 [중첩]을 선택합니다. 이름은 [한 번으로]라고 입력합니다. 하나의 클립으로 트랙이 묶입니다.

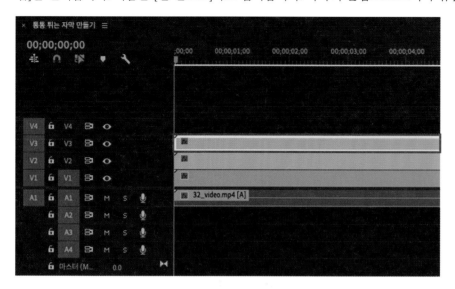

17 [문자 도구]로 프로그램 모니터에 "환하게"를 입력하고 [선택 도구]를 선택해 글자 작성을 완료합니다.

18 이어서 기본 그래픽 패널에서 [편집] 메뉴의 글자를 더블클릭하여 자막 레이어의 모든 글자를 선택한 뒤 [텍스트] 메뉴에서 [Gmarket Sans]로 폰트를 변경합니다. 이어서 [글꼴 스타일]은 [Bold], [글꼴 크기] : 110, 정렬은 [텍스트 왼쪽 맞춤], [자간] : -30으로 입력합니다.

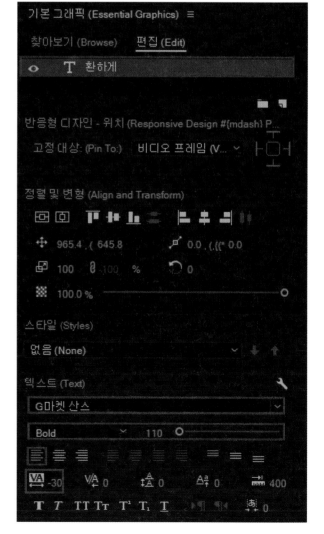

19 [환하게] 자막의 위치를 조절하겠습니다. [효과 컨트롤] - [텍스트] - [변형] - [위치] : 1324.0, 955.0으로 설정합니다.

20 V4 트랙 클립의 가장자리를 드래그하여 [32_video] 클립의 길이와 동일하도록 조절합니다. 글자에 입체감을 더하는 소스로 사용하기 위해 V4 트랙의 클립을 [Alt]를 누른 채 드래그하여 V5 트랙으로 복사합니다.

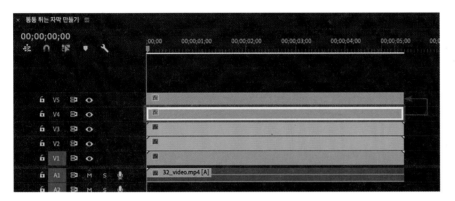

21 [한하게] 자막에 그라데이션 효과를 적용해보겠습니다. V5 트랙의 클립을 선택한 뒤 도구 패널에서 [사각형 도구]를 선택합니다. 프로그램 모니터에서 드래그하여 [환하게] 글자 크기에 맞게 사각형을 만듭니다.

22 자막에 그라데이션을 넣기 위해 [기본 그래픽] - [편집] - [모양(Shape)02]를 선택한 상태로 하단의 [모양] - [칠]의 색상 박스를 클릭하면 [색상 피커] 창이 나타납니다. 바로 다음 단계로 이어갑니다.

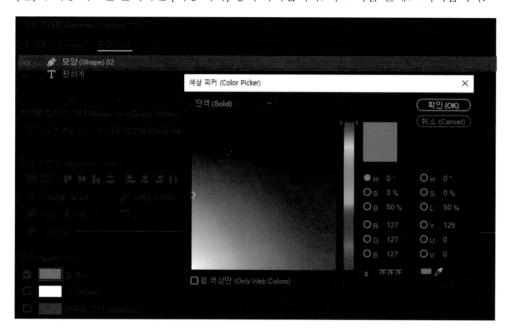

23 [색상 피커] 창 왼쪽 상단에 [단색] 메뉴를 선택하여 [선형 그라디언트]로 변경하면 그라데이션 막대로 변경됩니다. 첫 번째 색상 중지 박스를 선택한 후 DCFEFF를 입력합니다. 이어서 두 번째 색상 중지 박스를 선택한 후 74C3EE를 입력하고 [확인]을 눌러 그라데이션을 적용합니다.

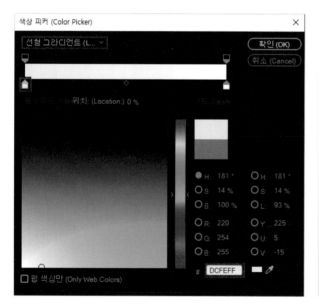
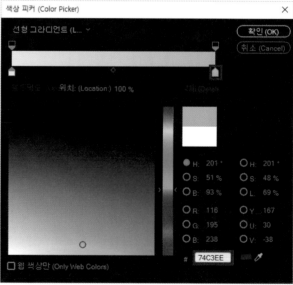

24 그라데이션이 글자에 적용될 수 있도록 [기본 그래픽] - [편집]에서 [모양]을 [환하게] 글자 레이어 아래로 드래그합니다.

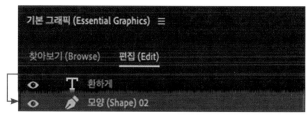

25 [기본 그래픽] - [환하게] 글자를 선택한 후 하단의 [모양] - [텍스트 마스크] 부분을 체크하면 마스크가 적용이 되어 사각형이 글자 안으로 들어가 그라데이션 효과가 적용됩니다.

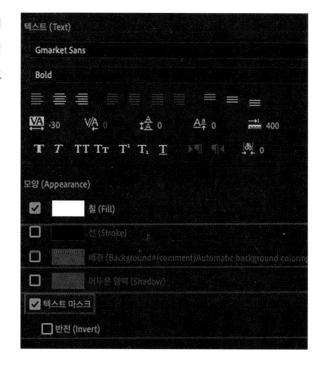

26 [환하게] 글자에 가독성과 입체감을 더해봅시다. V4 트랙의 클립을 선택하고 [모양] - [칠]의 색상 박스를 클릭해 [색상 피커] 창에 452001을 입력합니다. 이어서 [선]의 색상 코드도 452001로 변경합니다. 선의 굵기는 3.0으로 설정한 뒤, 선 우측의 ➕을 눌러 선을 하나 더 추가합니다. 생성한 선의 색상 코드도 452001로 변경하고 굵기는 6.0으로 설정합니다.

27 이어서 V4 트랙의 [환하게] 자막의 위치를 조절하겠습니다. [효과컨트롤] - [텍스트] - [변형] - [위치] : 1324.0, 958.0으로 설정합니다.

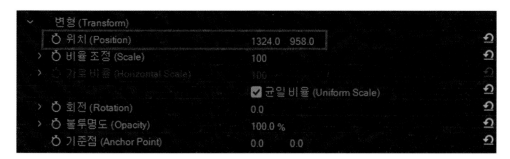

28 비디오 트랙을 깔끔하게 정리해보겠습니다. V4 트랙, V5 트랙을 드래그하여 전체 선택한 뒤 우클릭하여 [중첩]을 선택합니다. 이름은 [환하게]라고 입력합니다. 하나의 클립으로 트랙이 묶여진 것을 확인할 수 있습니다.

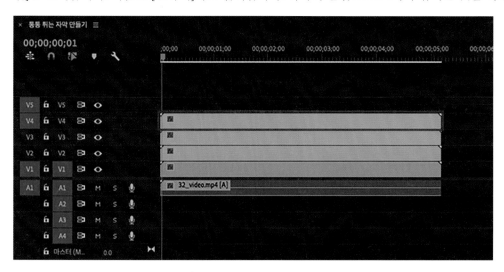

29 각 글자에 통통 튀는 효과를 적용하겠습니다. V2 트랙의 [가볍게 터치] 클립을 선택한 상태에서 [효과 컨트롤] - [모션] - [비율 조정] : 0.0으로 변경합니다. 숫자 변경이 완료되면 시계 아이콘인 [애니메이션 켜기/끄기]을 클릭합니다. 키프레임이 생성된 것을 확인할 수 있습니다.

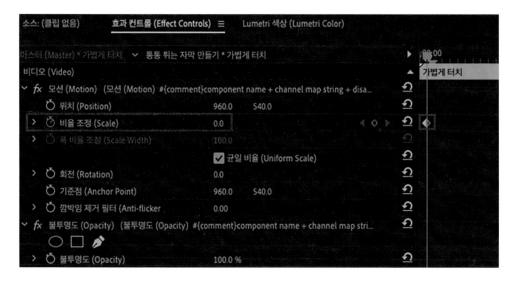

30 키프레임이 생성된 상태에서 [Shift]를 누르면서 →를 2번 눌러 10프레임 이동합니다. [효과 컨트롤] - [모션] - [비율 조정] : 50.0으로 변경합니다. 다시 10프레임 이동한 뒤 [비율 조정] : 110.0으로 변경합니다. 또 10프레임 이동한 뒤 [비율 조정] : 90.0으로 변경합니다. 마지막으로 10프레임 이동 후 [비율 조정] : 100.0으로 변경합니다.

31 글자가 제 위치에서 통통 튀도록 해당 글자 클립의 앵커 포인트 중앙 지점을 조절해보겠습니다. ❶[효과 컨트롤] - [모션] 이름을 클릭하면 중앙에 동그란 점이 나타납니다. ❷해당 점을 [가볍게 터치] 자막의 중앙으로 드래그합니다. 재생하면 글자가 있는 위치에서 재생이 됩니다.

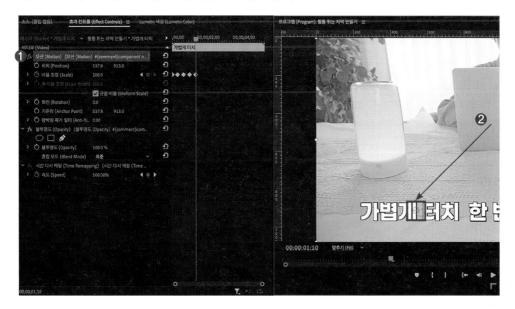

32 V3 트랙의 [한 번으로] 클립에 통통 튀는 효과를 간편하게 적용해보겠습니다. V2 트랙의 [가볍게 터치] 클립을 선택합니다. [효과 컨트롤] - [모션] - [비율 조정]에 생성된 키프레임을 모두 선택한 뒤 우클릭하여 [복사] 메뉴를 선택합니다.

33 [가볍게 터치] 모션 효과가 끝나는 지점인 [00;00;01;10]으로 이동합니다. V3 트랙의 [한 번으로] 클립을 선택한 후 [효과 컨트롤] - [모션] - [비율 조정]의 [애니메이션 켜기/끄기]를 클릭합니다. ❶키프레임이 생성되는 빈 공간에 우클릭하여 [붙여넣기]를 선택해 V2 트랙에서 복사한 키프레임을 붙여넣습니다.

34 [한 번으로] 글자의 앵커 포인트 중앙 지점도 조절해보겠습니다. [효과 컨트롤] - [모션] 이름을 클릭하면 중앙에 동그란 점이 나타납니다. 해당 점을 [한 번으로] 자막의 중앙으로 드래그합니다. 재생하면 글자가 있는 위치에서 재생이 됩니다.

35 마지막으로 V4 트랙의 [환하게] 클립에 적용할 차례입니다. V3 트랙의 [한 번으로] 클립을 선택합니다. [효과 컨트롤] - [모션] - [비율 조정]에 생성된 키프레임을 모두 선택하고 우클릭하여 [복사]를 선택합니다.

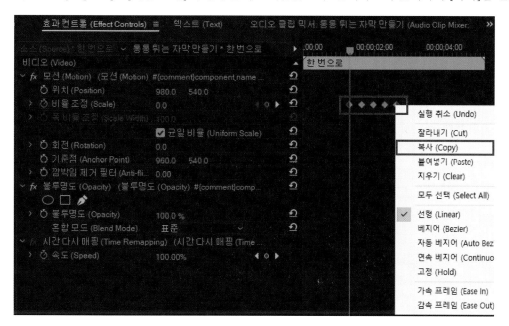

36 [한 번으로] 모션 효과가 끝나는 지점인 [00;00;02;20]으로 이동합니다. V4 트랙의 [환하게] 클립을 선택한 후 [모션] - [비율 조정]의 [애니메이션 켜기/끄기]를 클릭합니다. ❶키프레임이 생성되는 빈 공간에 우클릭하여 [붙여넣기]를 선택해 V3 트랙에서 복사한 키프레임을 붙여넣습니다.

37 [환하게] 글자의 앵커 포인트 중앙 지점도 조절해보겠습니다. [모션] 이름을 클릭하면 중앙에 동그란 점이 나타납니다. 해당 점을 [환하게] 자막의 중앙으로 드래그합니다. 재생하면 글자가 있는 위치에서 재생이 됩니다. 이렇게 해서 통통 튀는 예능 자막이 완성이 되었습니다.

홈쇼핑 느낌 가득한 옆으로 흐르며
깜빡이는 자막 만들기

홈쇼핑 등에서 강조점이나 전화번호, 제품 후기를 말할 때 자막이 옆으로 흐르거나 깜박거리는 효과들을 보셨을 겁니다. 시선을 강하게 집중시키는 자막을 만들어보겠습니다.

🎬 [예제 파일] − [PART 5] − [옆으로 흘러가는 자막 만들기.project]

01 [옆으로 흘러가는 자막 만들기.project]를 실행합니다. 홈쇼핑 하단에 자막을 넣을 자막 박스를 먼저 만들어 보겠습니다. 프로젝트 패널 하단에서 [새 항목]을 클릭하여 [색상 매트]를 선택하고 [확인]을 누릅니다.

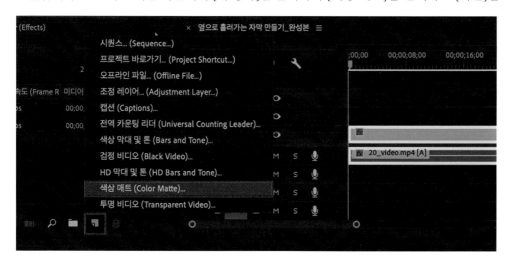

02 [색상 피커] 창이 나타나면 색상 코드 입력 창에 E8E8E8을 입력한 후 [확인]을 누릅니다. [이름 선택] : 회색 색상 매트로 입력합니다. 프로젝트 패널에 [회색 색상 매트]가 생성됩니다.

03 프로젝트 패널의 ❶[회색 색상 매트]를 드래그하여 V2 트랙에 위치시킵니다. ❷[00;00;17;14]으로 재생 헤드를 이동시킨 후 ❸V2 트랙의 [회색 색상 매트] 클립 길이를 재생 헤드 위치까지 길이를 늘립니다.

04 효과 패널에서 검색창에 [자르기]를 검색한 후 V2 트랙의 [회색 색상 매트] 클립에 드래그하여 적용합니다.

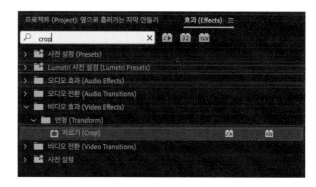

05 효과 컨트롤 패널에서 [자르기] - [위] : 90.0%로 입력합니다. 프로그램 모니터 창에서 하단에 10% 정도만 회색 색상 매트가 남은 것을 확인할 수 있습니다.

06 타임라인 패널 빈 공간을 한 번 클릭해 아무것도 선택하지 않은 상태로 만든 후 [문자 도구]를 선택합니다. 프로그램 모니터의 회색 색상 매트의 중앙 부분을 클릭하여 "지금 구매하면 50% 할인특가 진행! I 사동 000-0000-0000 상담 000-0000-0000" 자막을 입력합니다.

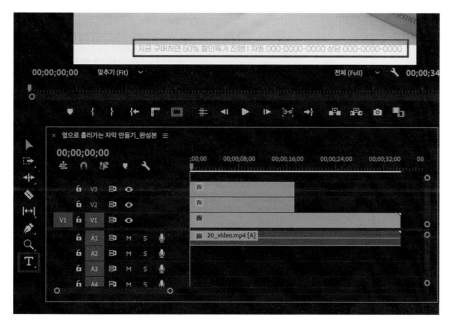

07 V3 트랙에 자막 클립이 생성된 것을 확인할 수 있습니다. 해당 클립을 V2 트랙 [회색 색상 매트] 클립이 끝나는 지점인 [00;00;17;14]까지 길이를 늘립니다.

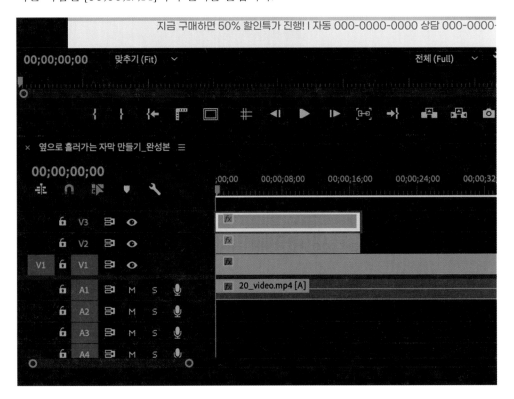

08 자막의 스타일을 변경해보겠습니다. V3 트랙의 자막 클립을 선택하고 효과 컨트롤 패널에서 [텍스트] - [소스 텍스트] - [글꼴] : G마켓 산스, [글꼴 스타일] : Medium, [글꼴 크기] : 40, [자간] : -10으로 설정합니다.

09 자막 색상을 변경해보겠습니다. 효과 컨트롤에서 [텍스트] - [소스 텍스트] - [모양] - [칠]의 색상 박스를 클릭하여 [색상 피커] 창이 나타나면 색상 코드 입력 창에 0B0B0B를 입력 후 [확인]을 누릅니다.

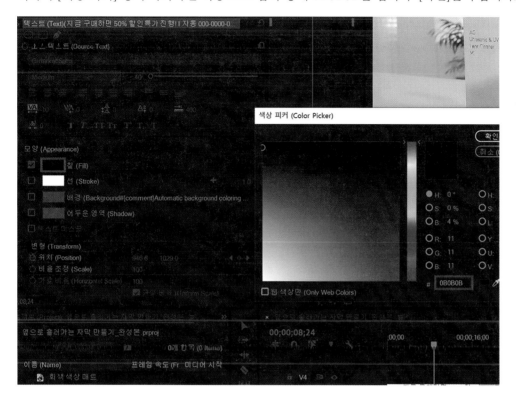

10 프로그램 모니터 패널에서 자막을 더블클릭하여 "50% 할인특가" 문구만 드래그합니다. 해당 문구만 강조해보겠습니다. 효과 컨트롤 패널에서 [텍스트] - [소스 텍스트] - [글꼴 스타일] : Bold로 변경합니다.

11 이어서 색상을 변경하겠습니다. 효과 컨트롤 패널에서 [텍스트] - [소스 텍스트] - [모양] - [칠]의 색상 박스를 클릭하여 [색상 피커] 창이 나타나면 색상 코드 입력 창에 3163C3로 입력 후 [확인]을 누릅니다.

12 자막의 위치 변경과 흘러가는 효과를 적용시켜보겠습니다. [00;00;00;00]으로 이동한 뒤 V3 트랙의 자막 클립을 선택한 상태에서 [텍스트] - [변형] - [위치] : 2679.0, 1029.0으로 설정합니다. 이어서 [위치]의 [애니메이션 켜기/끄기]를 클릭하여 오른쪽에 키프레임을 생성합니다.

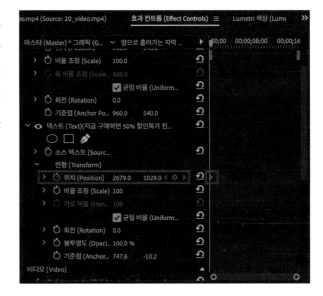

13 이어서 [00;00;17;13]으로 이동한 뒤 V3 트랙의 자막 클립을 선택한 상태에서 [위치] : -753.0, 1029.0으로 설정합니다. 옆으로 흘러가는 자막이 생성됩니다.

14 지막에 깜빡이는 효과를 더해보겠습니다. [00;00;00;00]으로 이동한 뒤 [텍스트] - [변형] - [불투명도] : 100.0%로 설정합니다. 이어서 [불투명도]의 [애니메이션 켜기/끄기]를 클릭하여 오른쪽에 키프레임을 생성합니다.

15 [Shift]와 →를 4번 눌러 20프레임을 이동한 뒤 [텍스트] - [변형] - [불투명도] : 0.0%으로 설정합니다. 20프레임 이동하고 [불투명도] : 100.0%로 설정합니다. 또 다시 20프레임 이동한 뒤 [불투명도] : 0.0%로 설정합니다. 마지막으로 한 번 더 20프레임 이동한 뒤 [불투명도] : 100.0%로 설정합니다. 키프레임이 5개가 생성된 것을 확인할 수 있습니다.

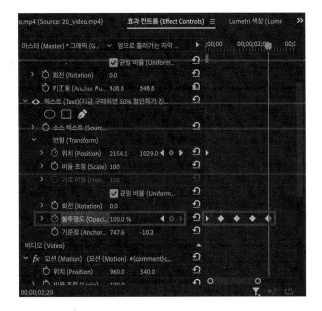

16 영상 중간 부분부터 자막의 내용이 잘 보이도록 깜빡임 효과를 없앴다가 끝 부근에서 다시 깜빡이며 마무리 하겠습니다. [00;00;13;00]으로 이동합니다.

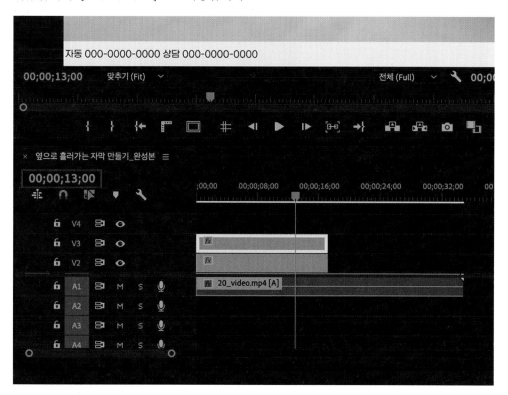

17 V3 트랙의 자막 클립을 선택한 상태로 효과 컨트롤 패널에서 [텍스트] - [변형] - [불투명도]에 생성된 키프 레임을 복사합니다. 키프레임을 모두 드래그하여 선택한 뒤 우클릭하여 [복사]를 선택합니다. 이어서 다시 우클릭 한 뒤 [붙여넣기]로 재생 헤드 위치에 그대로 붙여넣습니다.

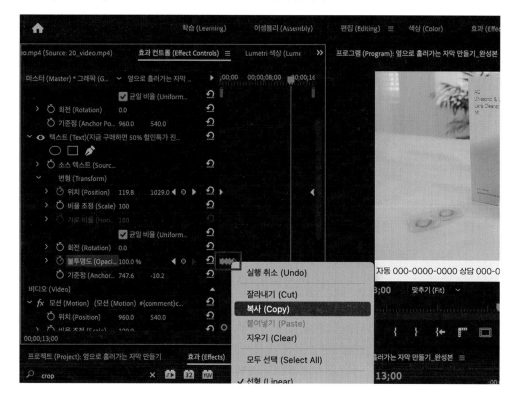

18 영상이 끝날 때까지 반복하고 싶다면 V2 트랙 [회식 색상 매트]와 V3 트랙의 자막 클립을 모두 선택한 뒤 Alt 를 누른 채로 효과가 끝나는 지점인 [00;00;17;14]로 드래그하여 복사합니다.

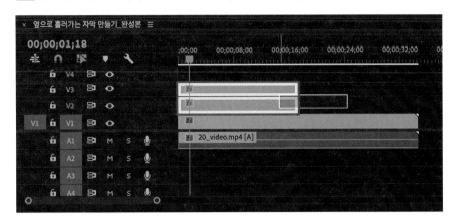

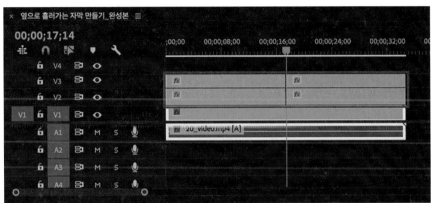

19 영상을 재생하면 자막이 옆으로 흐르면서 깜빡이는 것을 확인할 수 있습니다.

지금 구매하면 **50% 할인특가** 진행! | 자

감성을 자극하는
손글씨 자막 만들기

감성을 자극하는 손글씨는 브이로그 영상 인트로나 SNS 광고 영상에서 감성적으로 제품명을 드러낼 때 사용됩니다.

🎬 [예제 파일] – [PART 5] – [손글씨 효과 자막 만들기.project]

01 [손글씨 효과 자막 만들기.project]를 실행한 뒤 [문자 도구]로 프로그램 모니터 패널에 "Real Red Bean Extract"을 입력합니다.

02 V2 트랙의 자막 길이를 V1 영상 클립 길이만큼 가장자리를 드래그하여 늘립니다.

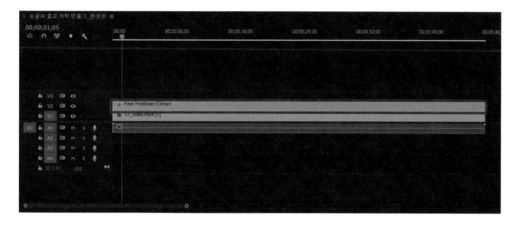

03 자막 스타일을 변경해보겠습니다. 효과 컨트롤 패널에서 [텍스트] – [소스 텍스트] – [글꼴] : 나눔손글씨 바른히피, [글꼴 스타일] : Regular, [글꼴 크기] : 140, [자간] : 125, [행간] : 18로 설정합니다.

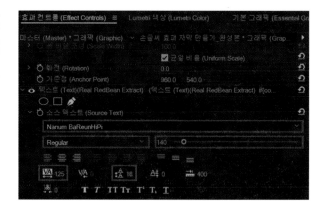

04 이어서 [모양] – [칠]에 체크 표시하고 색상 박스를 클릭해 나타난 [색상 피커] 창에 812222을 입력합니다. [선]도 체크 표시한 후 색상 코드를 BE0A0A로 변경합니다. 선의 굵기는 3.0으로 설정합니다.

05 [텍스트] – [변형] – [위치] : 1025.7, 312.8을 입력해 글자의 위치를 조절합니다.

06 프로젝트 패널 하단에서 [새 항목] - [투명 비디오]를 클릭하고 [확인]을 누릅니다. 프로젝트 패널에 투명 비디오가 생성됩니다.

07 [투명 비디오]를 자막 클립 바로 위인 V3 트랙에 위치시키고 클립의 오른쪽 가장자리를 드래그하여 V1 트랙의 영상 클립 길이와 동일하게 만듭니다.

08 효과 패널 검색창에서 [선 그리기]를 입력하고 해당 효과를 V3 트랙의 [투명 비디오]로 드래그하여 적용합니다. V3 트랙의 [투명 비디오] 클립을 선택하면 효과 컨트롤 패널에서 [선 그리기] 효과가 적용된 것을 확인할 수 있습니다.

09 적용한 [선 그리기] 효과에서 [색상]의 색상 박스를 클릭해 00FFF8을 입력하고, [브러쉬 크기]는 폰트 굵기와 비슷한 7.0으로 설정, [브러쉬 경도]는 100.0으로 설정합니다. 이어서 [선 길이]를 영상 클립 길이와 동일한 47초로 설정하고 [브러쉬 간격(초)]은 0.001로 설정합니다.

10 손글씨 효과를 적용할 시간대로 재생헤드를 이동하겠습니다. [00;00;00;00]으로 이동한 뒤 [선 그리기]의 메뉴 이름을 클릭하면 프로그램 모니터에 동그라미 표시가 나타납니다. 동그라미 중앙을 클릭한 뒤 손글씨 효과를 시작할 위치로 드래그합니다. [브러쉬 위치] : 1032.5, 208.1을 입력해 브러쉬의 위치를 조절할 수도 있습니다.

11 효과 적용을 쉽게 하기 위해 프로그램 모니터 화면 창을 확대해보겠습니다. 프로그램 모니터 하단의 [확대/축소 레벨] : 400%로 설정합니다. 화면의 이동은 하단과 우측의 조절 바를 이용합니다.

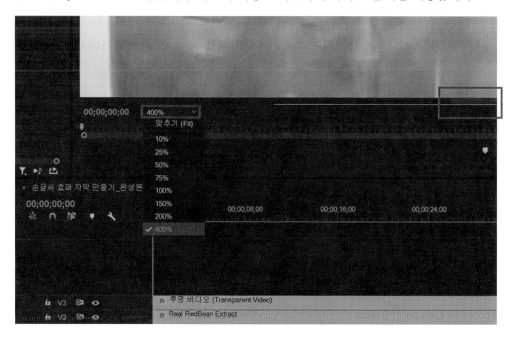

12 [브러쉬 위치]의 [애니메이션 켜기/끄기]를 클릭해 오른쪽에 키프레임을 생성합니다. 이어서 →를 2번 눌러서 2프레임 이동합니다.

13 [선 그리기]의 메뉴 이름을 클릭하면 프로그램 모니터에 동그라미 브러쉬 모양이 활성화됩니다. 브러쉬를 작성한 글자를 따라 조금만 드래그합니다. 브러쉬가 이동한 길이가 표시됩니다.

14 다시 →를 2번 눌러서 2프레임 이동합니다. 이어서 글자를 따라 브러쉬를 조금만 드래그합니다. 같은 방식으로 모든 글자를 브러쉬로 덮는 작업을 진행합니다.

▶ **여기서 잠깐!**
브러쉬 이동이 잘못된 경우 실행 취소 단축키 Ctrl + Z 를 눌러 다시 작업하시면 됩니다.

15 브러쉬 작업 완료 후 효과 패널의 검색창에서 [트랙 매트 키]를 입력한 뒤 V2 트랙의 자막 클립에 드래그하여 적용합니다.

16 효과 컨트롤 패널에서 [트랙 매트 키] – [매트] : [비디오 3]으로 설정합니다. 프로그램 모니터 패널에서 브러쉬 모양이 사라진 것을 확인할 수 있습니다.

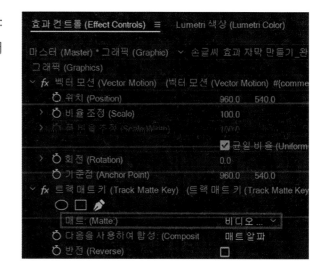

17 전체 화면을 보기 위해 프로그램 모니터 하단의 [확대/축소 레벨] : 맞추기로 설정합니다. 영상을 재생하면 브러쉬 이동 경로에 따라 손글씨 효과가 적용되는 것을 확인할 수 있습니다.

SNS 광고 영상에 사용하기 좋은 상황별 폰트 추천

SNS 광고 영상에서 특히나 중요한 것이 자막의 폰트입니다. 가독성과 영상의 분위기를 좌우하기 때문입니다. 폰트별로 어떤 분위기에 사용하면 좋은지 살펴보겠습니다.

고딕체

고딕체는 획 끝에 삐침이 없는 폰트입니다. 깔끔하기 때문에 모던하고 심플한 느낌을 주고 싶을 때 많이 사용하는 폰트입니다. 많은 정보를 전달하는 정보성 영상, 회사 소개 영상, 인터뷰 영상 등 가독성이 높은 폰트를 이용해야 할 때나, 진중한 느낌의 폰트를 사용하고 싶을 때 사용하면 좋습니다.

① 에스코어 드림 (S-Core Dream) : 폰트의 두께를 무려 9개나 제공합니다. 타이틀로 사용하기도 좋고, 일반 대화나 정보를 표기하기도 좋습니다. 다운로드 링크 : https://www.s-core.co.kr/company/font/

에스코어 드림 폰트 1 Thin
에스코어 드림 폰트 2 ExtraLight
에스코어 드림 폰트 3 Light
에스코어 드림 폰트 4 Regular
에스코어 드림 폰트 5 Medium
에스코어 드림 폰트 6 Bold
에스코어 드림 폰트 7 ExtraBold
에스코어 드림 폰트 8 Heavy
에스코어 드림 폰트 9 Black

② [Gmarket Sans] : 둥글한 느낌과 깔끔하고 정렬된 느낌이 강조되는 가독성이 좋은 고딕체입니다. 폰트의 사용범위도 넓어 어디서나 자유롭게 사용할 수 있습니다. 다운로드 링크 : http://company.gmarket.co.kr/company/about/company/company-font.asp

G마켓 산스 Light
G마켓 산스 Medium
G마켓 산스 Bold

③ [Noto Sans CJK KR] : 깔끔하면서도 무게감이 있는 대중적인 고딕체입니다. 두께도 다양한 편이지만, 가독성이 우수해 웹사이트/상세페이지/영상 등 다양하게 사용됩니다. 다운로드 링크 : https://www.google.cn/get/noto/#sans-kore

Noto Sans CJK KR DemiLight
Noto Sans CJK KR Regular
Noto Sans CJK KR Bold
Noto Sans CJK KR Black

손글씨체

말 그대로 직접 손으로 작성한 느낌이 드는 폰트입니다. 영상에서 감성적인 느낌을 전달할 때 가장 많이 사용됩니다. 폰트에 따라서 가독성의 차이가 크므로 고려하여 사용해야 합니다.

① 나눔 손글씨 느릿느릿체 : 2019년 네이버가 한글날에 진행했던 '손글씨 공모전'에서 선별하여 만든 폰트입니다. 전체적으로 두께가 얇고 정감이 가는 폰트입니다. 다운로드 링크: https://clova.ai/handwriting

나눔손글씨 느릿느릿체

② [즐거운 이야기체] : tvN 10주년 기념으로 만들어진 손글씨체로 발랄한 느낌을 주는 폰트입니다. 폰트의 두께가 3가지로 구성되어 있어 유용하게 사용할 수 있습니다. 다운로드 링크 : http://tvn10festival.tving.com/playground/tvn10font

둥근체

귀여운 느낌을 내고 싶을 때 사용하는 획이 동글동글한 형태로 제작된 폰트들이 있습니다. 어린이 영상, 애완동물이 등장하는 영상 등에 사용하면 좋습니다.

① 넥슨 메이플스토리 : 귀엽고 발랄한 느낌을 주는 폰트입니다. 두께가 두꺼워 썸네일 타이틀로 사용하기 좋습니다. 다운로드 링크 : http://levelup.nexon.com/font/index.aspx?page=5

② [배민 주아체] : 획의 굵기가 일정하지 않은 게 특징인 폰트입니다. 영상에서 자주 사용되어 친숙하면서도 귀여운 느낌을 주기 좋은 폰트입니다. 다운로드 링크 : http://font.woowahan.com/jua/

③ [쿠키런 폰트] : 두께가 두꺼운 것이 특징입니다. 폰트의 두께도 3종류가 제공됩니다. 다운로드 링크 : https://www.cookierunfont.com/

CHAPTER **3**

영상의 지루함을 덜어내는
음악 편집하기

배경음악은 영상의 분위기를 좌우하는 요소입니다. 몰입도와 이해도를 높여줄 수도 있습니다.
따라서 정보를 효과적으로 전달할 수 있으므로 배경음악의 선정과 편집은 매우 중요합니다.

42 | 배경음악 추가하기

배경음악을 선택할 때는 편집된 영상의 장면과 분위기를 고려하여 선택해야 합니다. 배경음악을 넣는 방법에 대해서 알아보도록 하겠습니다.

🎬 [예제 파일] – [PART 5] – [배경음악 추가하기.project]

01 [배경음악 추가하기.project]를 실행한 뒤 프로젝트 패널의 빈 공간을 더블클릭하여 [예제 파일] - [PART 5] - [source] - [track_03] 소스 파일을 불러오고 A2 트랙으로 드래그하여 이동시킵니다.

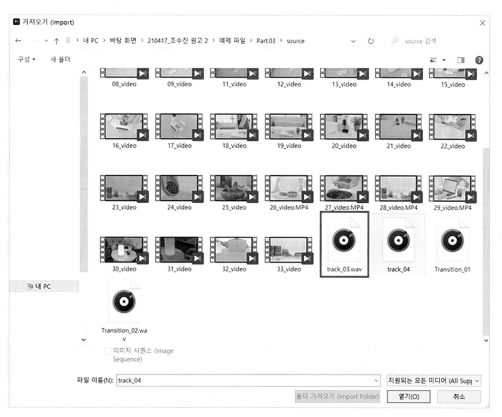

02 A2에 넣은 배경음을 영상 클립 길이와 동일하게 줄입니다. 클립의 오른쪽 가장자리를 잡고 드래그합니다.

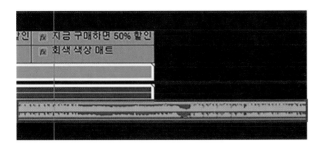 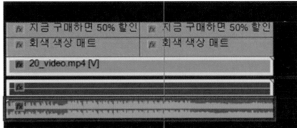

03 영상을 재생시키면 배경음악이 들어간 것을 확인할 수 있습니다. 소리가 재생될 때 타임라인 옆 [오디오 미터]를 보면 소리 크기를 초록색/노란색/빨간색 막대로 표시하고 있습니다. 현재 재생되는 소리가 커서 빨간색 막대 [0 dB]를 넘어가고 있어 음이 매끄럽지 못하며, 귀가 아플 수 있으므로 소리를 줄여보겠습니다.

04 A2 트랙의 배경음악 클립을 선택한 뒤 효과 컨트롤 패널에서 [볼륨] - [레벨] - [애니메이션 켜기/끄기]를 비활성화합니다. 이어서 0.0 dB를 -10.0 dB로 변경합니다.

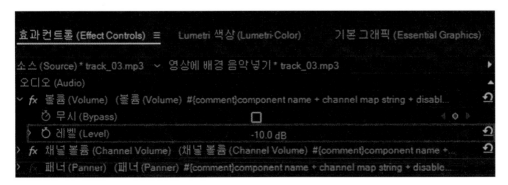

05 영상을 재생하면 영상의 소리가 작아졌고, [오디오 미터] 색상도 초록색으로 유지되는 것을 확인할 수 있습니다.

소리가 커지고 작아지는
페이드인/아웃 효과

영상이 시작될 때 배경음악이 갑자기 시작되거나, 영상이 끝나는 시점에서 음악이 뚝 끊긴다면 굉장히 부자연스러운 영상이 됩니다. 이런 문제를 해결하기 위해 소리가 자연스럽게 커지고, 자연스럽게 작아지는 페이드인, 페이드아웃 효과에 대해서 알아보겠습니다.

🎬 [예제 파일] – [PART 5] – [오디오 페이드인아웃 효과 만들기.project]

01 [오디오 페이드인아웃 효과 만들기.project]를 실행한 뒤 프로젝트 패널의 [track_04]를 A2 트랙으로 드래그하여 이동시킵니다.

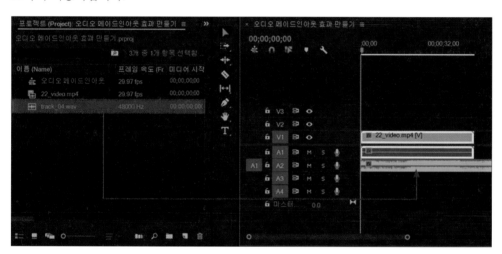

02 A2 트랙에 넣은 배경음이 영상 클립의 길이와 동일하도록 맞춥니다. A2 트랙 배경음악 클립의 오른쪽 가장자리를 잡고 드래그하여 V1 트랙의 [22_video] 영상 클립 길이와 동일하게 조절합니다.

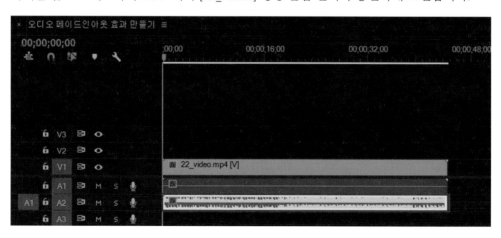

03 소리가 점점 커지는 페이드인 효과를 주겠습니다. 시퀀스 확대 단축키 ⊞를 눌러 타임라인 영역을 확대합니다. A2 트랙에 마우스를 두고 Alt +마우스 휠을 위로 드래그하면 A2 트랙이 확장됩니다.

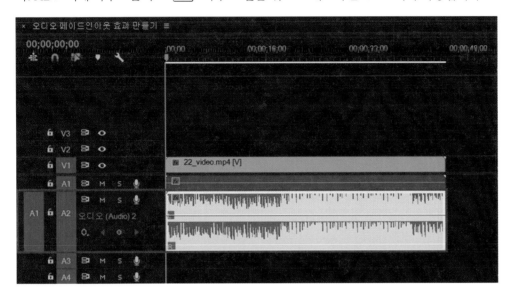

04 [00;00;00;00]으로 이동하고 키프레임을 추가하겠습니다. 도구 패널에서 [펜 도구]를 선택한 뒤 ❶하얀색 선에다 클릭합니다. ❷키프레임이 생성된 것을 확인할 수 있습니다.

05 [00;00;01;10]으로 이동한 뒤 다시 한 번 하얀색 선에 클릭하여 키프레임을 생성합니다.

06 A2 트랙에 생성한 키프레임을 조정해보겠습니다. [00;00;00;00]에 찍힌 키프레임을 위아래로 드래그하여 소리 크기를 조절할 수 있습니다. 아래로 드래그하여 -22.0 dB로 설정합니다. 정확한 수치로 변경하려면 효과 컨트롤 패널에서 [볼륨] - [레벨]을 이용하세요.

07 이어서 [00;00;01;10]에 있는 키프레임을 같은 방법으로 -6.5 dB로 조정합니다. 재생하면 오디오의 소리가 점점 커지는 페이드인 효과가 적용된 것을 확인할 수 있습니다.

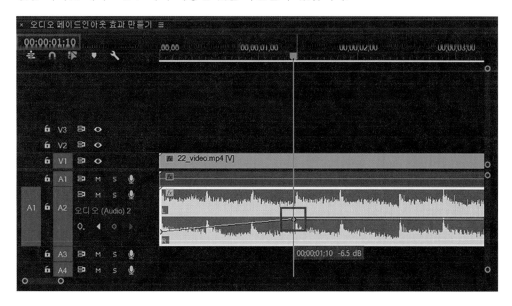

08 오디오 소리가 점점 커질 때 화면도 자연스럽게 나타나도록 설정하겠습니다. [00;00;00;00]으로 이동한 뒤 V1 트랙의 [22_video] 클립을 선택합니다. 효과 컨트롤 패널에서 [불투명도]의 [애니메이션 켜기/끄기]를 활성화하고, 0.0 %을 입력합니다.

09 [00;00;01;10]으로 이동한 뒤 [불투명도] : 100.0%로 입력합니다. 소리가 커지면서 영상도 함께 서서히 나타나는 것을 확인할 수 있습니다.

10 영상이 끝나가는 시점에서 음악의 소리가 점점 작아지는 페이드아웃 효과를 설정하겠습니다. [00;00;41;05]으로 이동한 뒤 도구 패널에서 [펜 도구]를 선택해 ❶하얀색 선에 클릭하여 ❷키프레임을 생성합니다.

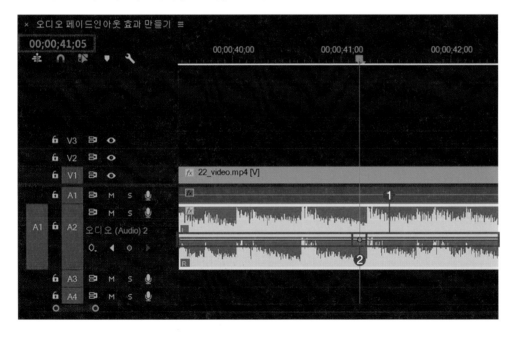

11 한 번 더 [00;00;44;16]으로 이동한 뒤 ❶하얀색 선에 클릭해 ❷키프레임을 생성합니다.

12 키프레임을 조정해보겠습니다. 영상의 끝에서는 배경음악의 소리가 나지 않도록 [00;00;44;16]의 키프레임을 드래그해 -22.0 dB로 설정합니다. 재생하면 영상의 끝에 갔을 때 소리가 점점 줄어드는 페이드아웃 효과가 적용된 것을 확인할 수 있습니다.

13 오디오 소리가 작아질 때 화면도 자연스럽게 사라지도록 설정하겠습니다. [00;00;41;05]로 이동한 뒤 V1 트랙의 [22_video] 클립을 선택합니다. [불투명도]에서 [키프레임 추가/제거]의 점을 클릭합니다. 해당 구간에서는 영상이 보여야 하기 때문에 [불투명도] 설정을 100.0%로 설정하도록 하겠습니다.

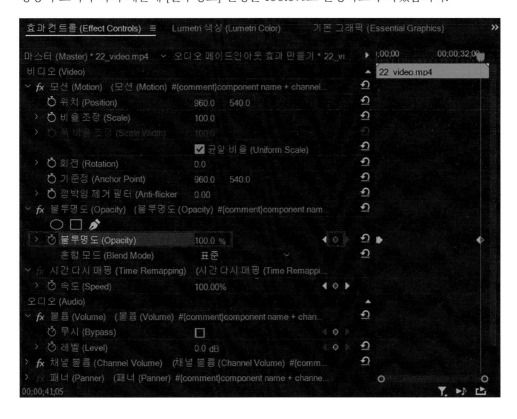

14 화면이 영상의 끝에서는 완전히 보이지 않도록 설정하겠습니다. [00;00;44;16]으로 이동한 뒤 [불투명도] : 0.0%를 입력하면 키프레임이 생성되며 프로그램 모니터 화면이 검은색으로 변합니다. 영상을 재생하면 소리가 점점 작아질 때 화면도 서서히 사라지는 것을 확인할 수 있습니다.

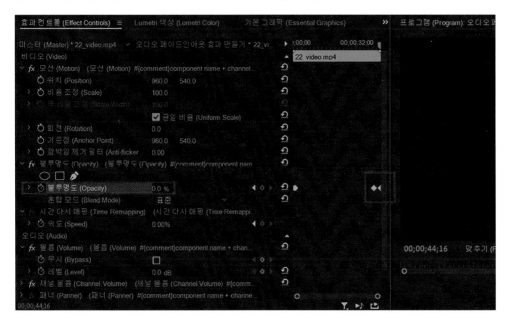

TV에서 자주보던
음성 변조 효과

TV 프로그램 등 다양한 영상에서 출연자가 자신의 경험담을 들려줄 때 많이 사용됩니다. 인물의 신변을 보호하기 위하여 목소리를 변조해야 할 때 사용하는 효과입니다.

🎬 [예제 파일] – [PART 5] – [음성 변조 만들기.project]

01 [음성 변조 만들기.project]를 실행합니다. A1 트랙에 음성 변조 효과를 적용해보겠습니다. 효과 패널 검색창에서 [피치 변환]을 검색한 뒤 A1 트랙으로 드래그하여 적용합니다. A1 트랙의 왼쪽 상단 [Fx]가 보라색으로 변경됩니다.

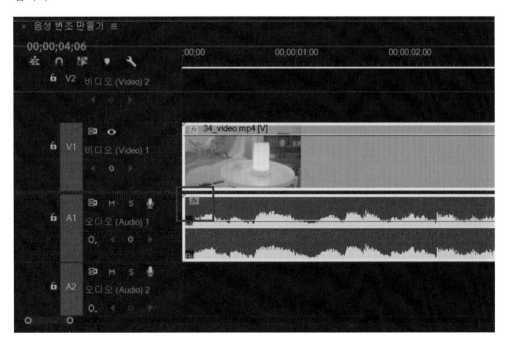

02 Alt 를 누른 채로 A1 클립을 선택한 뒤 효과 컨트롤 패널에서 [피치 변환] - [사용자 정의 설치] - [편집]을 클릭합니다.

03 [클립 Fx 편집기 - 피치 변환] 창이 나타나면 ❶[사전 설정] : 성난 저빌을 선택합니다. 영상을 재생하면 목소리의 음이 높아진 것을 확인할 수 있습니다. 목소리의 음이 너무 높다면 ❷[피치 전치]에서 반음, 센트, 정밀도로 음성 변조된 소리를 세부적으로 조절할 수 있습니다. [피치 전치] - [반음] : 8로 설정하고, ❸[정밀도] : 높은 정밀도를 선택한 후 [닫기]를 누릅니다. 음성 변조된 소리가 자연스러워진 것을 확인할 수 있습니다.

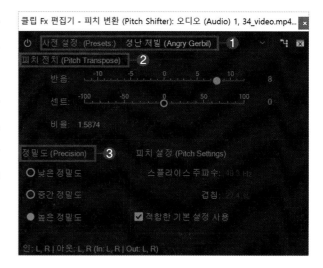

> **더 알아보기** **영상 재생 속도를 빠르게 하면 소리의 음도 높아집니다.**
>
> 영상의 재생 속도를 빠르게 변경하면 소리의 음도 따라서 높아집니다. 음성 변조 효과를 적용한 상태에서도 동일한 현상이 발생합니다. 이를 해결하는 방법으로는 영상 속도를 재생하는 [클립 속도/지속 시간] 창에서 [오디오 피치 유지] 기능을 사용하면 됩니다.
>
>

 자주 사용하는 음원 소스 사이트

① 유튜브 오디오 라이브러리 : 유튜브 계정만 있다면 사용 가능한 무료 음원 사이트입니다. 다양한 효과음과 음원이 있으며, 꾸준히 업로드되고 있습니다. 유튜브 오디오 라이브러리에서는 저작권 표시를 하여야 하는 음원도 있으니 음원 다운로드 시 꼭 확인 후 사용하셔야 합니다.

② artlist [https://artlist.io] : 유료 음원 사이트입니다. 다양한 음향효과, 음원을 다운로드 받을 수 있습니다. 분위기/비디오 테마/장르/악기 등의 카테고리로 분류되어 쉽게 음악을 찾을 수 있습니다.

CHAPTER **4**

광고 영상을 멋지게 만드는
편집 효과

제품의 특징을 살려 예쁘게 촬영하는 것도 중요하지만, 짧은 시간 내 장점이
잘 드러나도록 다양한 효과를 활용해 편집하는 것도 중요합니다.
SNS 광고 영상에서 자주 활용하는 효과를 배워보겠습니다.

SECTION

45

제품의 색감을 살리는 색 보정 방법

촬영을 할 때 카메라의 세팅, 현장의 환경 등 다양한 요소로 인해 영상의 밝기와 색상에 차이가 발생합니다. 이를 해결하기 위해서 영상의 분위기와 색감을 살리기 위해 후반 작업으로 색 보정을 진행합니다. 정답은 없습니다. 자신만의 색감을 만들어보세요.

🎬 [예제 파일] – [PART 5] – [영상 색 보정 방법 알아보기.project]

01 [영상 색 보정 방법 알아보기.project]를 실행한 뒤 색 보정을 위하여 작업 영역의 메뉴를 [색상]으로 변경합니다. [Lumetri 색상] 패널이 생성됩니다.

▶ **여기서 잠깐!** 〰〰〰〰

색상 패널이 나타나지 않는다면
[창] – [Lumetri 색상]을 선택하면
패널이 등장합니다.

264   CHAPTER 4 광고 영상을 멋지게 만드는 편집 효과

02 V1 트랙의 [28_video] 클립을 선택한 뒤 [Lumetri 색상] - [기본 교정] - [온도] : 2.0으로 변경하여 영상을 따뜻한 톤으로 변경합니다. [기본 교정]만 잘 활용하여도 간단히 영상의 분위기를 조절할 수 있습니다.

더 알아보기   차가운 새벽 느낌을 원하면 파란색 톤으로, 따뜻하고 노을이 지는 오후 느낌을 원하면 주황색 톤으로 변경하면 좋습니다.

03 영상의 밝기를 조절해보겠습니다. [기본 교정] - [노출] : 0.5를 입력합니다. 영상이 환해집니다.

더 알아보기   노출 값이 너무 크면, 영상이 하얀색으로 변해 안보이는 현상이 발생합니다. 적절하게 조절해주세요!

04 영상의 밝고 어두운 부분의 대비를 조절하겠습니다. [기본 교정] - [대비] : 45.0을 입력합니다.

05 밝은 영역의 밝기를 조절하겠습니다. [기본 교정] - [밝은 영역] : 4.0을 입력합니다. 밝은 영역이 밝아진 것을
확인할 수 있습니다.

06 어두운 영역의 밝기를 조절하겠습니다. [기본 교정] - [어두운 영역] : -10.0를 입력합니다. 어두운 영역이 더 어두워진 것을 확인할 수 있습니다.

더 알아보기 밝기를 더하지만 말고, 어두운 부분은 어둡게 눌러주면 영상에 입체감을 살릴 수 있습니다.

07 흰 영역의 밝기를 조절하겠습니다. [기본 교정] - [흰색] : 2.0을 입력합니다. 흰색 영역의 부분이 밝아진 것을 확인할 수 있습니다.

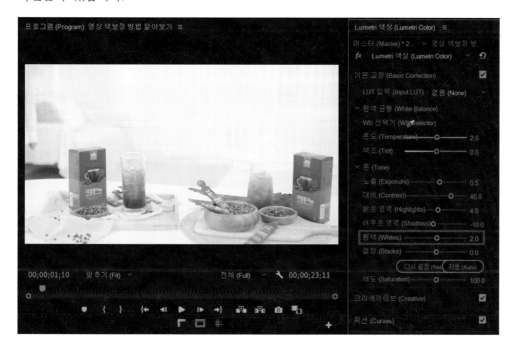

08 검정 영역의 밝기를 조절하겠습니다. [기본 교정] - [검정] : -32.0을 입력합니다. 검정 영역의 부분이 더 어두워진 것을 확인할 수 있습니다.

09 마지막으로 채도를 조절하겠습니다. [기본 교정] - [채도] : 140.0을 입력합니다. 영상의 색상이 진해진 것을 확인할 수 있습니다.

10 색 보정 전/후를 비교해보겠습니다. 효과 컨트롤 패널에서 [Lumetri 색상] 메뉴 왼쪽에 [Fx]가 켜져 있습니다. 해당 부분을 한번 더 클릭하여 [Fx] 버튼에 사선이 생기면 효과 적용이 해제됩니다. 클릭을 반복하며 전과 후를 비교해보세요.

더 알아보기 **여러 클립을 한 번에 보정하기**

컷 편집을 하면 여러 개의 클립으로 나뉘게 됩니다. 그런 클립들을 한 번에 보정하는 방법을 알아보겠습니다.

① 프로젝트 패널에서 [새 항목] – [조정 레이어]를 선택해 [조정 레이어]를 생성합니다.

② [조정 레이어]를 편집한 클립 위로 드래그한 뒤 한 번에 색 보정을 적용할 클립의 길이만큼 [조정 레이어]의 클립 길이를 조절합니다.

③ [조정 레이어]에 색 보정을 진행하면 클립의 길이에 걸친 영역에 속하는 클립들에 색 보정이 동일하게 적용됩니다.

▶ **여기서 잠깐!**

[조정 레이어]의 [불투명도] 수치를 조절하여 색 보정의 강도를 손쉽게 조절해보세요.

46

제품 사용 전/후를 비교하는
화면 분할 효과

제품의 사용 전과 후를 비교하는 장면은 소비자의 구매 욕구를 일으키기 좋습니다. 한눈에 볼 수 있도록 화면을 분할해 사용 전/후를 비교해보겠습니다.

🎬 [예제 파일] – [PART 5] – [사용 전,후 비교 영상 만들기.project]

01 [사용 전,후 비교 영상 만들기.project]를 실행한 후 프로젝트 패널에 있는 [35_video]를 V1 트랙 위로 드래그합니다. 이어서 [36_video] 클립을 [35_video] 클립 바로 위인 V2 트랙에 드래그합니다.

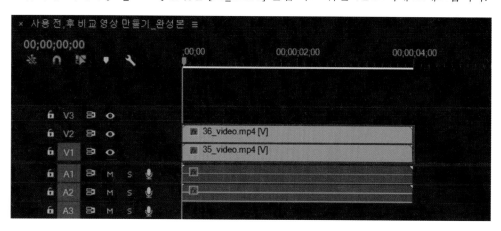

02 화면을 먼저 분할하겠습니다. V2 트랙의 [트랙 출력 켜기/끄기]를 클릭해 소스가 보이지 않도록 합니다.

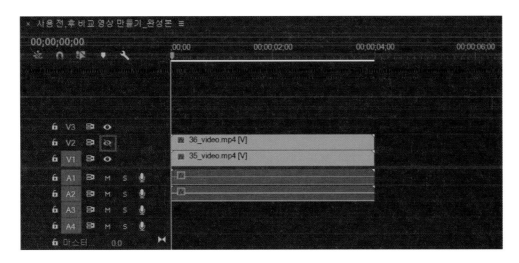

03 정확한 화면 분할을 위하여 프로그램 모니터 하단에 ➕를 클릭합니다.

04 [단추 편집기] 창에서 눈금자 표시▉, 보호 여백▣, 안내선 표시▉를 프로그램 모니터 하단으로 드래그한 뒤 [확인]을 눌러 레이아웃 설정을 완료합니다.

05 눈금자 표시█, 보호 여백█, 안내선 표시█를 눌러 활성화합니다. 보호 여백의 중앙에는 영상의 중앙이 표시되어 있습니다. ❶[왼쪽 눈금자 부분을 ❷[중앙 지점까지 드래그 하면 파란색 안내선이 나타납니다. 보호 여백의 중앙 지점에 놓습니다.

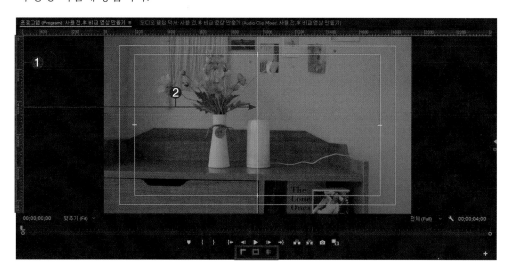

06 효과 패널의 검색창에서 [선형 지우기]를 검색한 뒤 V1 트랙의 [35_video]와 V2 트랙의 [36_video] 클립에 드래그하여 적용합니다. [fx]가 보라색으로 변경됩니다.

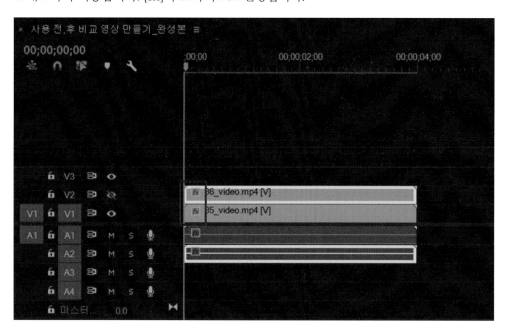

07 V1 트랙의 [35_video] 클립을 선택하고 효과 컨트롤 패널에서 [모션] - [위치] : 671.0으로 변경합니다. 프로그램 모니터에서 영상을 반으로 나누었을 때 중앙선을 기준으로 왼쪽 영역에 드러낼 장면이 중앙으로 오도록 조절한 것입니다.

08 이어서 V1 트랙의 [35_video]에 적용한 [선형 지우기] 효과를 선택한 후 Ctrl+C, Ctrl+V를 눌러 효과를 복사하고 붙여넣기 합니다.

09 [선형 지우기] 효과로 영상을 반으로 분할합니다. ❶첫 번째 선형 지우기에서 [지우기 각도] : -90.0도, [변환 완료] : 35%로 변경합니다. 영상이 오른쪽부터 중앙선까지 잘립니다. ❷두 번째 선형 지우기에서는 [지우기 각도] : 90.0, [변환 완료] : 15%로 입력합니다. 전체 화면이 100%라면 전체 화면의 반은 50%입니다. 첫 번째 선형 지우기에서 35%를 입력했으니, 두 번째 선형 지우기에서는 15%로 입력한 것입니다.

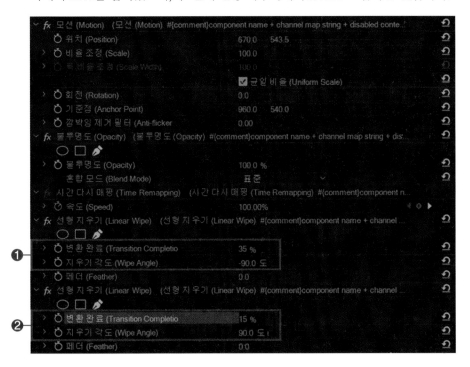

10 V2 트랙의 [트랙 출력 켜기/끄기]를 클릭하여 다시 영상 소스가 보이게 설정합니다. 이어서 영상의 위치를 조절합니다. 프로그램 모니터에서 영상을 반으로 나누었을 때 중앙선을 기준으로 오른쪽 영역에 보이고 싶은 장면이 중앙으로 오도록 조절합니다. 효과 컨트롤 패널에서 [모션] - [위치] : 1631.0입니다.

11 V2 트랙의 [36_video] 클립에도 [선형 지우기] 효과를 2개 생성합니다. ❶첫 번째 선형 지우기에서 [지우기 각도] : 90.0도, [변환 완료] : 15%로 변경하면 왼쪽부터 중앙선까지 영상이 잘린 것을 확인할 수 있습니다. ❷두 번째 선형 지우기는 [지우기 각도] : -90.0도, [변환 완료] : 35%로 변경합니다. 영상이 반으로 나누어진 것을 확인할 수 있습니다.

12 사용 전/후 비교의 효과를 극대화하기 위해 '사용 전'에 해당하는 [35_video] 영상이 재생될 때는 '사용 후'에 해당하는 [36_video] 영상은 정지하도록 만들겠습니다. V2 트랙의 클립에 우클릭하여 [프레임 고정 옵션]을 선택합니다.

13 [프레임 고정 옵션] 창이 나타나면 [고정]에 체크 표시하고, [소스 시간 코드]를 클릭하여 [36_video] 영상이 시작되는 지점에서 정지하도록 만들기 위해 [시작 지점]을 선택합니다. V1 트랙의 영상이 재생될 때 V2 트랙은 정지된 것을 확인할 수 있습니다.

14 [36_video] 영상의 색 보정을 진행하겠습니다. [36_video] 클립을 선택한 뒤 색 보정을 위하여 작업 영역의 메뉴를 [색상]으로 변경합니다. [Lumetri 색상] - [기본 교정] - [채도] : 35.0로 변경합니다.

15 자막을 입력하겠습니다. [파일] - [새로 만들기] - [레거시 제목]을 클릭한 뒤 [새 제목] - [이름] : "사용 전"이라고 입력하고 [확인]을 누릅니다.

16 도구 패널에서 [문자 도구]를 선택해 왼쪽 영상 하단에 클릭하여 "사용 전"을 입력합니다. 글자를 전체 선택한 뒤 [레거시 제목 속성] - [속성] - [글꼴 모음] : G마켓 산스, [글꼴 스타일] : Bold, [글꼴 크기] : 120.0으로 변경합니다.

17 "사용 전" 글자를 선택한 상태로 [칠] - [칠 유형]은 [단색]을 선택합니다. [색상]의 색상 박스를 클릭하고 색상 코드는 FFFFFF로 설정합니다.

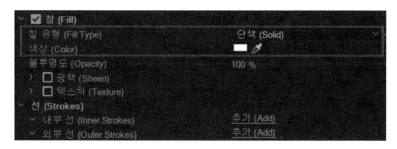

18 자막 글자에 테두리를 설정하겠습니다. [선] - [외부 선] 옆에 [추가]를 선택합니다. [유형] : 가장자리, [크기] : 30.0으로 설정합니다. [칠 유형] : 단색, [색상]은 색상 박스를 클릭하여 000000으로 설정합니다.

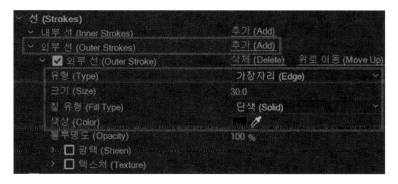

19 [선] - [외부 선] 옆에 [추가]를 한 번 더 클릭합니다. [유형] : 심도, [크기] : 30.0, [각도] : 70.0도로 설정합니다. [칠 유형] : 단색, [색상]은 색상 박스를 클릭하여 000000으로 설정합니다.

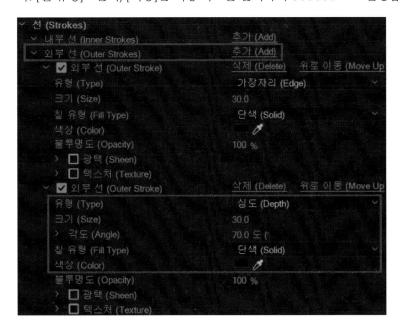

20 프로젝트 패널에서 [사용 전] 자막을 V3 트랙으로 드래그합니다. [35_video]와 [36_video] 클립의 길이와 동일하게 [사용 전] 클립의 오른쪽 가장자리를 드래그하여 길이를 맞춥니다.

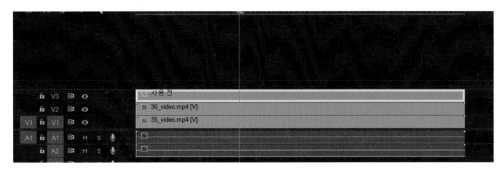

21 V3 트랙의 [사용 전] 클립을 선택합니다. [선택 도구]를 선택한 상태에서 효과 컨트롤 패널에서 [모션] 이름을 클릭하면 선택 영역이 나타납니다. 이어서 프로그램 모니터 패널에서 [사용 전] 글자를 보호 여백 가장 안쪽 줄 왼쪽 중잉으로 드래그힙니다.

22 프로젝트 패널에서 [사용 전] 자막을 선택한 채로 Ctrl+C, Ctrl+V를 눌러 [사용 전] 자막을 복사합니다. 복사된 자막의 이름을 [사용 후]로 변경합니다.

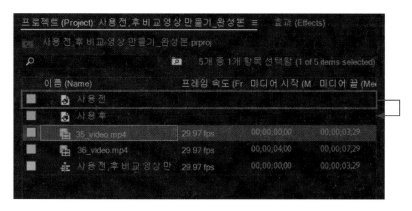

23 [사용 후] 자막의 레거시 제목 아이콘 모양을 더블클릭합니다. [선택 도구]를 선택한 상태에서 자막을 드래그하여 오른쪽 하단에 원하는 위치로 이동합니다.

24 오른쪽 하단 글자를 [사용 후]로 변경합니다. 글자의 색상을 변경하기 위해 글자를 전체 선택합니다. [칠] - [칠 유형] : 단색, [색상]은 색상 박스를 클릭하여 FFE200으로 설정해 작업을 완료합니다.

25 프로젝트 패널에서 [사용 후] 자막을 V4 트랙으로 드래그합니다. [35_video]와 [36_video] 클립의 길이와 동일하게 [사용 후] 클립의 오른쪽 가장자리를 드래그하여 길이를 맞춥니다.

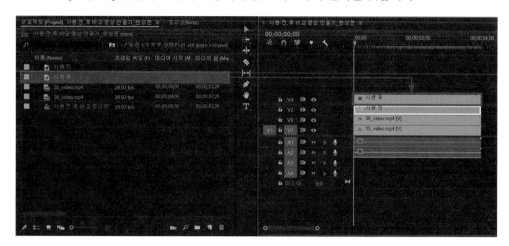

26 타임라인 패널에 있는 클립을 전체 선택한 뒤 Alt 를 누른 채로 클립들이 끝나는 지점인 [00;00;04;00]로 드래그합니다. 클립이 복사가 된 것을 확인할 수 있습니다.

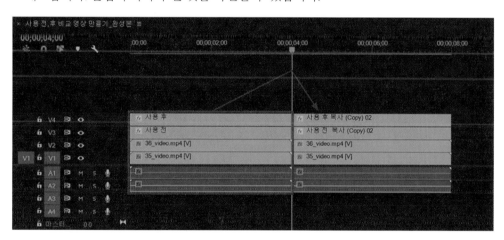

27 [00;00;04;00]에 있는 [35_video] 클립에 우클릭한 뒤 [프레임 고정 옵션]을 선택합니다.

28 [프레임 고정 옵션] 창이 나타나면 [고정]을 체크 표시합니다. [35_video] 영상이 시작되는 지점에서 정지 화면을 만들기 위하여 [소스 시간 코드] 화살표를 클릭하여 [시작 지점]을 선택합니다.

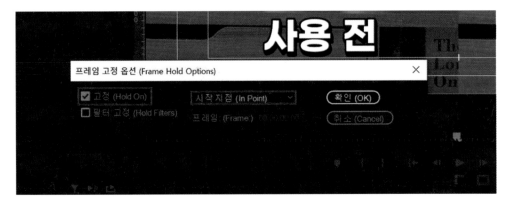

29 전/후의 확실한 비교를 위해 색 보정을 추가로 진행하겠습니다. [00;00;04;00]에 있는 [35_video] 클립을 선택한 뒤 [Lumetri 색상] - [기본 교정] - [채도] : 35.0으로 변경합니다.

30 [00;00;04;00]에 정지되어 있는 [36_video] 클립을 선택 후 Delete를 눌러 삭제합니다. 프로젝트 모니터 패널의 [36_video] 클립을 선택 후 삭제된 공간으로 드래그합니다.

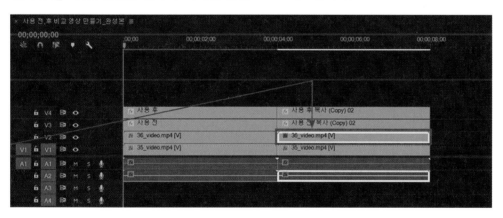

31 [00;00;00;00]에 있는 [36_video] 클립을 선택합니다. 효과 컨트롤 패널에서 [모션]을 선택하고 Ctrl+C를 눌러 복사합니다. 이어서 [00;00;04;00]에 정지되어 있는 [36_video]를 선택한 후 Ctrl+V를 눌러 효과를 붙여 넣습니다. 영상의 위치가 조절됩니다.

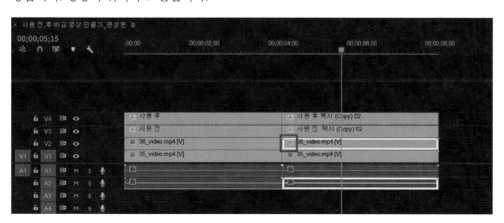

32 동일한 방법으로 [선형 지우기] 효과도 복사하겠습니다. [00;00;00;00]에 있는 [36_video] 클립의 첫 번째 [선형 지우기]를 복사하고 [00;00;04;00]에 정지되어 있는 [36_video] 클립을 선택해 효과를 붙여넣습니다.

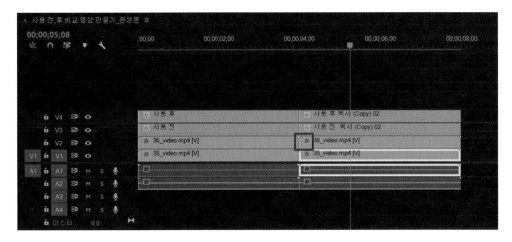

33 이어서 두 번째 선형 지우기도 같은 방식으로 진행합니다. 재생하면 사용 전/후 비교 영상 효과가 만들어진 것을 확인할 수 있습니다.

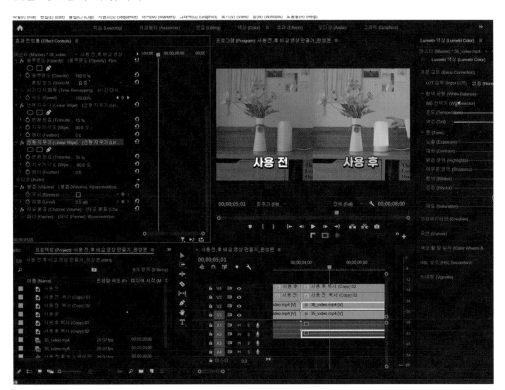

SECTION
47 얼굴을 가리는 모자이크 효과

영상에서 등장인물의 신변을 보호하기 위해 얼굴에 모자이크 효과를 사용합니다. 특정 부분을 가리고 싶을 때도 사용하면 좋습니다.

🎬 [예제 파일] – [PART 5] – [모자이크 효과 만들기.project]

01 [모자이크 효과 만들기.project]를 실행해 영상에 등장하는 인물의 얼굴을 모자이크 효과로 가려보겠습니다. V1 트랙의 [37_video] 클립을 선택한 상태에서 Alt 를 누르면서 V2 트랙으로 드래그합니다. 클립이 복사됩니다.

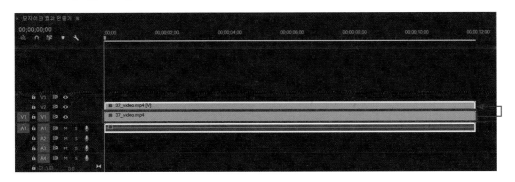

02 효과 패널의 검색창에서 [모자이크]를 검색한 뒤 V2 트랙의 [37_video] 클립에 적용합니다.

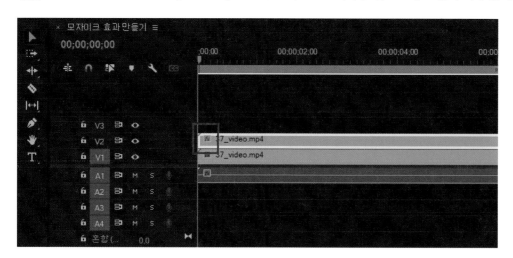

03 영상 속 인물의 얼굴 부분만을 마스크로 가려보겠습니다. 효과 컨트롤 패널에서 [모자이크] - [타원 마스크 만들기]를 선택합니다. 프로그램 모니터 패널에 원형 마스크가 생깁니다.

04 타원 마스크를 얼굴 부분으로 드래그합니다. 마스크의 가장자리에 있는 점을 활용하여 크기를 조절합니다.

05 [모자이크] - [마스크] - [마스크 페더] : 50.0을 입력하여 마스크의 가장자리를 부드럽게 만듭니다.

06 모자이크 가로/세로 블록의 개수를 조절해보겠습니다. 효과 컨트롤 패널에서 [모자이크] - [가로 블록] : 40, [세로 블록] : 40으로 변경합니다. 프로그램 모니터에서 가로/세로의 블록 개수가 많아진 것을 확인할 수 있습니다.

> **더 알아보기** **대상의 움직임을 따라가는 모자이크 만들기**
>
> 모자이크를 지정해도 그 영역을 벗어나면 얼굴이 보이게 됩니다. 모자이크 효과도 함께 움직이면 해결되는 문제입니다.
>
> ① [모자이크] – [마스크] – [마스크 패스]의 [애니메이션 켜기/끄기]를 클릭해 키프레임을 생성합니다.
>
>
>
> ② 키프레임이 생성되면 →를 눌러 재생 헤드를 얼굴이 나오는 지점으로 이동합니다. 얼굴이 나오는 지점에서 [모지이크] – [마스크] 메뉴 이름을 클릭하면 프로그램 모니터에서 마스크 영역이 표시됩니다. 가리고 싶은 부분으로 마스크를 이동하면 키프레임이 생성됩니다. 해당 방법을 반복하여 얼굴이 나타나는 부분을 모자이크로 가릴 수 있습니다.
>
>

48 | 움직이는 '좋아요' 하트 효과

영상에 인스타그램 피드 느낌을 표현하여 재미를 주게 되며, 감성적인 느낌이 실리는 좋은 효과입니다.

🎬 [예제 파일] – [PART 5] – [인스타그램 효과 만들기.project]

01 [인스타그램 효과 만들기.project]를 실행한 뒤 [파일] – [새로 만들기] – [시퀀스]를 선택합니다. 이어서 [새 시퀀스] 설정 화면에서 [사용 가능한 사전 설정] – [HDV] : HDV 1080p30을 선택하고 [설정]을 클릭합니다. [시퀀스 이름] : 인스타그램 효과 만들기로 입력합니다.

02 시퀀스 값을 세세히 설정하겠습니다. [편집 모드] : 사용자 정의, [시간 기준] : 29.97프레임/초, [비디오] -
[프레임 크기] : 1080, 1920, 9:16, [픽셀 종횡비] : 정사각형 픽셀(1.0), [필드] : 필드 없음(프로그레시브 스캔), [표
시 형식] : 29.97fps 드롭 프레임 시간 코드를 선택합니다. 이어서 [오디오] - [샘플속도] : 48000Hz, [표시 형식]
: 오디오 샘플로 설정합니다.

03 프로젝트 패널에서 [38_video] 소스를 V1 트랙으로 드래그합니다. 시퀀스 설정과 영상 소스 설정이 맞지 않
을 때 [클립 불일치 경고]가 나타납니다. [기존 설정 유지]를 클릭합니다. 해당 시퀀스 영역에 영상이 들어간 것을
확인할 수 있습니다.

04 시퀀스 영역에 맞게 영상을 확대해보겠습니다. 효
과 컨트롤 패널에서 [모션] - [비율 조정] : 180.0으로
변경합니다.

05 V1 트랙의 [38_video]를 복사하기 위해 Alt 를 누른 채로 V2 트랙으로 드래그합니다.

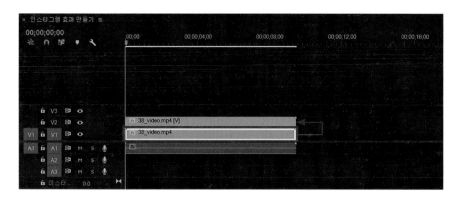

06 프로그램 모니터 하단에 눈금자 표시■, 보호 여백■, 안내선 표시■를 활성화합니다. 해당 메뉴가 없다면
[단추 편집기] 창에서 추가하여 활성화합니다.

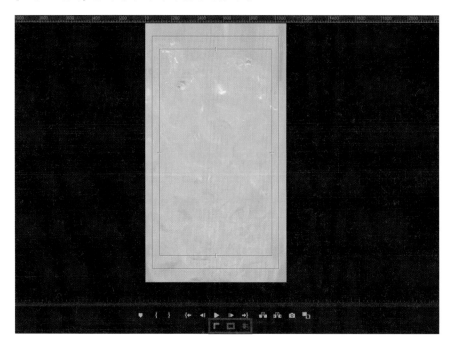

07 도구 패널에서 [펜 도구]를 꾹 눌러 [사각형 도구]를 선택합니다. 프로그램 모니터 패널에서 제일 안쪽에 있는 보호 여백의 선에 맞게 사각형 도구를 생성합니다. V3 트랙의 사각형 도구 클립의 길이는 영상 클립과 동일하도록 조절합니다.

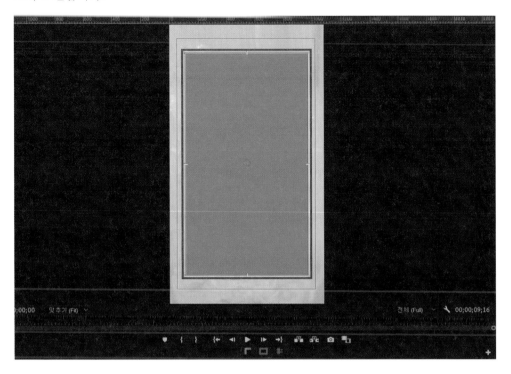

08 인스타그램 피드에 있는 아이콘 이미지가 들어갈 공간을 만들기 위해 사각형의 세로 길이를 조절하겠습니다. [선택 도구]로 프로그램 모니터의 사각형 상단의 중간 지점을 아래로 드래그하여 길이를 조절합니다. 하단도 상단과 동일하게 세로 길이를 조절합니다.

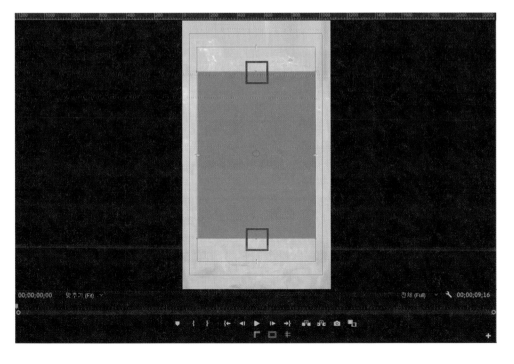

09 효과 컨트롤 패널에서 [모양] - [칠] 체크를 해제하고, [선]은 체크 표시해 활성화합니다. [선]의 색상 박스를 눌러 색상 코드를 FFFFFF로 설정합니다. 굵기는 2.0으로 설정합니다.

10 사각형 도형이 있는 부분만 영상이 선명하게 보이도록 효과를 적용하겠습니다. 효과 패널 검색창에서 [가우시안 흐림]을 검색한 뒤 V1 트랙의 [38_video]에 드래그하여 적용합니다. V1 트랙의 [38_video]를 선택하고 효과 컨트롤 패널에서 [가우시안 흐림] - [흐림] : 30.0, [가장자리 픽셀 반복]를 체크합니다.

11 이어서 [불투명도] - [4지점 다각형 마스크 만들기]를 선택합니다.

12 프로그램 모니터의 마스크 영역을 조정하겠습니다. 마스크의 꼭지점을 잡고 드래그하여 사각형 도형이 생성된 영역에 맞게 조절합니다. 마스크로 인해 사각형 영역 안에서만 영상이 선명한 것을 확인할 수 있습니다.

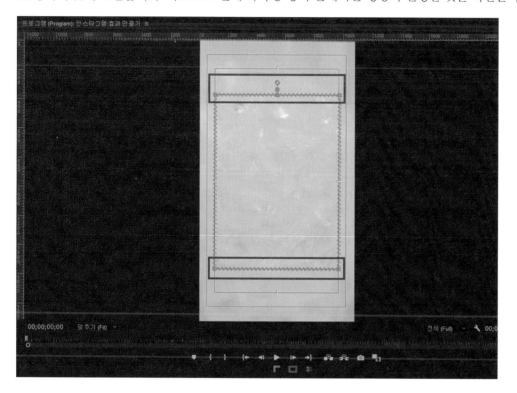

13 [불투명도] - [마스크] - [마스크 페더] : 0.0으로 설정합니다.

14 프로젝트 패널에서 [Instagram] 폴더의 화살표를 눌러 확장시킵니다. [01] 소스를 V3 트랙의 바로 위로 드래그합니다. 클립의 길이는 영상의 클립 길이와 동일하게 설정합니다.

15 [01] 클립을 선택한 뒤 효과 컨트롤 패널에서 [모션] - [비율 조정] : 30.0, [위치] : 162.0, 270.0으로 설정합니다.

16 도구 패널에서 [문자 도구]를 선택한 뒤 프로그램 모니터 패널에 클릭하여 "Dobemaster" 글자를 입력합니다. 글자의 클립 길이는 영상 클립 길이와 동일히게 설정합니다.

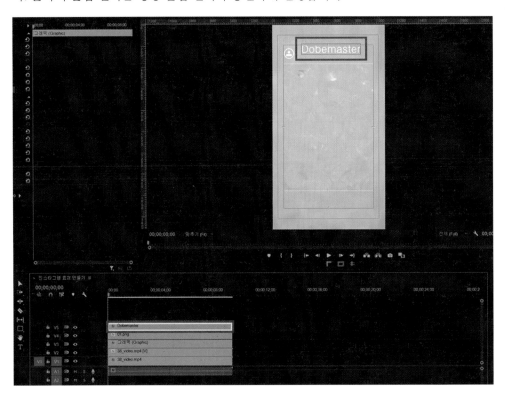

17 자막의 세부 설정 차례입니다. [텍스트] - [소스 텍스트] - [글꼴] : G마켓 산스, [글꼴 스타일] : Bold, [글꼴 크기] : 40.0, [모양] - [칠]의 색상 박스를 눌러 색상 코드는 FFFFFF로 설정합니다.

18 V5 트랙 자막 레이어의 위치를 조절하겠습니다. [텍스트] – [변형] – [위치] : 255.0, 286.0으로 설정합니다.

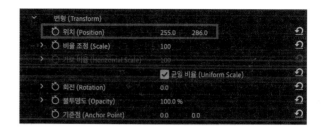

19 프로젝트 패널에서 [Instagram] – [02] 소스를 V5 트랙의 바로 위로 드래그합니다. [02] 이미지 클립의 길이는 영상의 클립 길이와 동일하게 설정합니다.

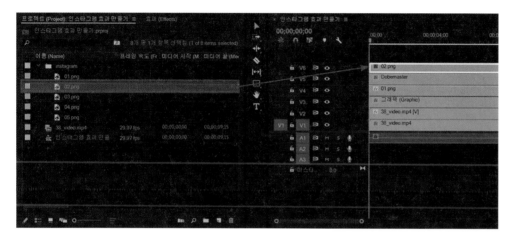

20 [02] 클립을 선택한 뒤 [모션] – [비율 조정] : 80.0, [위치] : 821.0, 270.0으로 설정합니다.

21 프로젝트 패널에서 [Instagram] – [03] 소스를 V6 트랙의 바로 위로 드래그합니다. [03] 이미지 클립의 길이는 영상의 클립 길이와 동일하게 설정합니다.

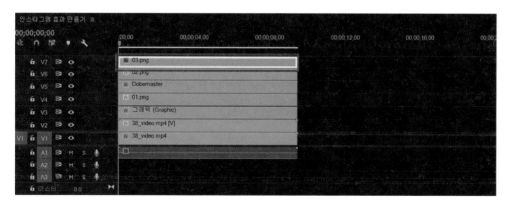

22 [03] 클립을 선택한 뒤 [모션] - [비율 조정] :
90.0, [위치] : 281.0, 1645.0으로 설정합니다.

23 프로젝트 패널에서 [Instagram] - [04] 소스를 V7 트랙의 바로 위로 드래그합니다. [04] 클립의 길이는 영상의 클립 길이와 동일하게 설정합니다.

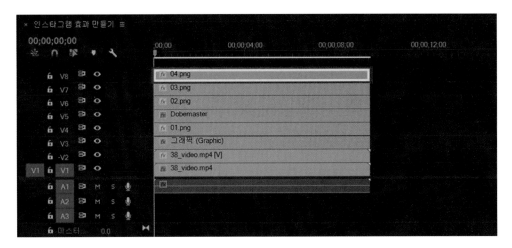

24 [04] 클립을 선택한 뒤 [모션] - [비율 조정] : 80.0, [위치] : 928.0, 1645.0으로 설정합니다.

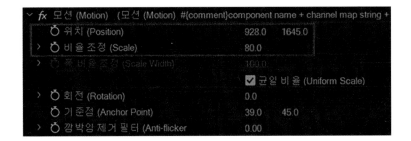

25 [문자 도구]를 선택한 뒤 프로그램 모니터 패널에 클릭하여 "여름에도 시원하게 즐길 수 있는 #리얼 팥차"를
입력합니다. 글자 클립의 길이는 영상 클립 길이와 동일하게 설정합니다.

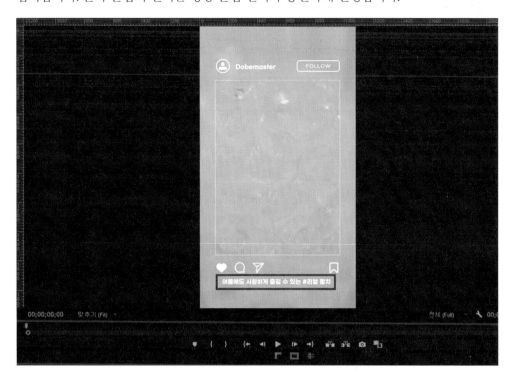

26 글자의 세부 설정을 위해 전체 선택한 뒤 [텍스트] - [소스 텍스트] - [글꼴] : G마켓 산스, [글꼴 스타일] :
Medium, [글꼴 크기] : 40.0으로 설정하고 [모양] - [칠]의 색상 박스를 눌러 색상 코드는 FFFFFF로 설정합니다.

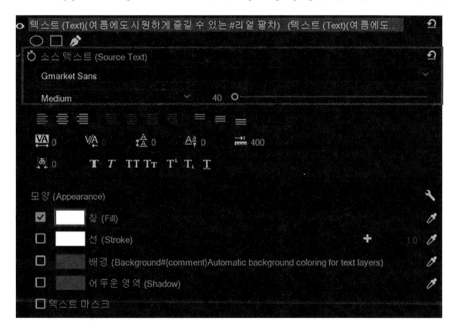

27 V9 트랙 자막 레이어의 위치를 조절하겠습니다. [텍스트] – [변형] – [위치] : 110.0, 1759.0으로 설정합니다.

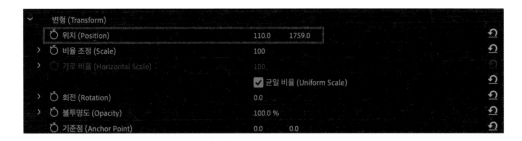

28 비디오 트랙을 깔끔하게 정리해보겠습니다. V4 ~ V9 트랙을 드래그하여 전체 선택한 뒤 우클릭하여 [중첩]을 선택합니다. 이름은 [인스타그램 그래픽]이라고 입력합니다. 하나의 클립으로 트랙이 묶여진 것을 확인할 수 있습니다.

29 이제 인스타그램에서 보던 움직이는 하트 효과를 만들어보겠습니다. 프로젝트 패널에서 [Instagram] - [05] 소스를 V5 트랙으로 드래그합니다. 이어서 [00;00;02;00]까지 클립 길이를 늘립니다.

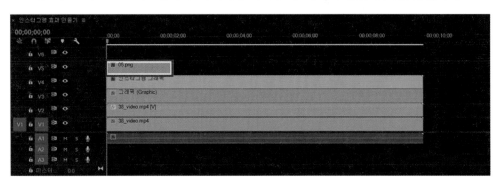

30 [00;00;00;00]으로 이동한 뒤 V5 트랙의 [05] 소스를 선택한 상태로 [위치] : 148.0, 1632.0, [비율 조정] : 80.0으로 설정합니다.

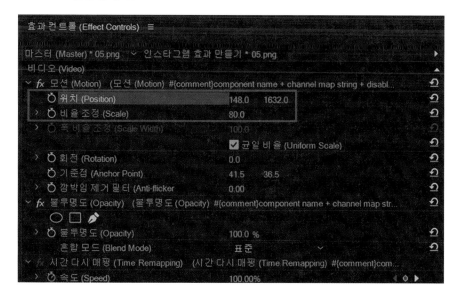

31 V5 트랙의 [05] 클립을 선택한 채로 [위치]와 [불투명도]의 [애니메이션 켜기/끄기]를 클릭합니다. 키프레임이 2개 생성됩니다.

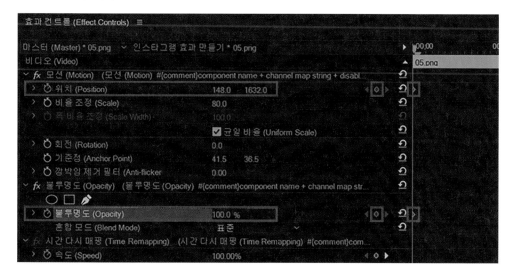

32 Shift 를 누른 채로 → 를 2번 누르면 10프레임을 이동합니다. [위치] : 243.0, 1512.0, [불투명도] : 80%로 설정합니다.

> **더 알아보기** 하트 이미지의 위치는 [위치]의 설정값을 변경하는 것과 프로그램 모니터에서 하트 이미지를 원하는 위치로 드래그하는 방법이 있습니다.

33 Shift 를 누른 채로 → 를 2번 누르면 10프레임을 이동합니다. [위치] : 106.0, 1464.0, [불투명도] : 40%로 설정합니다. 해당 작업을 3번 더 반복하겠습니다.

- 10프레임 이동, [위치] 266.0, 1338.0, [불투명도] : 90%
- 10프레임 이동, [위치] 95.0, 1252.6, [불투명도] : 60%
- 10프레임 이동, [위치] 281.0, 1160.0, [불투명도] : 0%

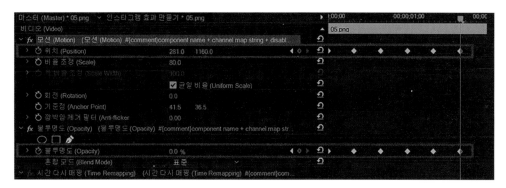

34 트랙의 [05] 소스를 V6와 V7 트랙으로 Alt 를 누른 채 드래그하여 복사합니다.

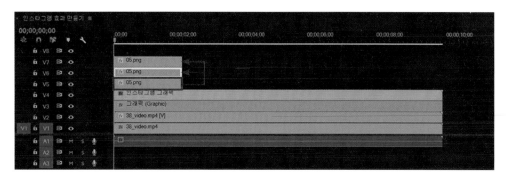

35 V6 트랙의 [05] 클립에 우클릭하여 [중첩]을 선택하고 이름을 'V6 트랙 클립'으로 입력합니다. V7 트랙의 [05] 클립에도 동일하게 진행하여 'V7 트랙 클립'을 만듭니다.

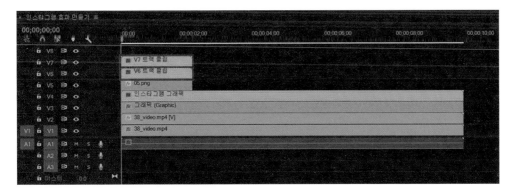

36 V6 트랙 클립을 [00;00;00;05]으로 이동시키고 [위치] : 494.0, 960.0으로 설정합니다.

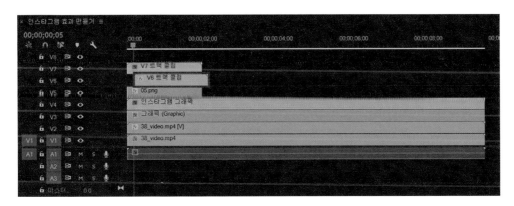

37 V7 트랙 클립을 [00;00;00;10]으로 이동시키고 [위치] : 570.0, 975.0으로 설정합니다.

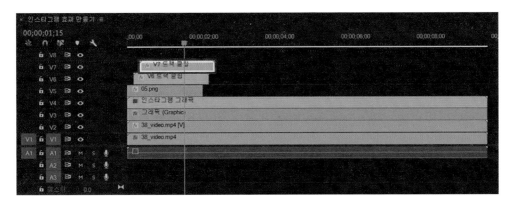

38 V5 ~ V7 트랙의 클립을 선택한 뒤 우클릭하여 [중첩] 메뉴를 클릭합니다. 이름은 [움직이는 하트 효과]로 입력 후 [확인]을 누릅니다.

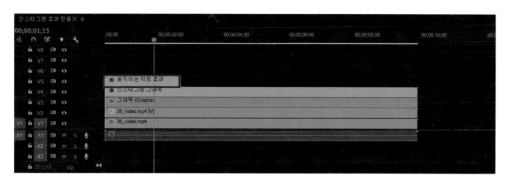

39 V5 트랙의 [움직이는 하트 효과] 클립을 복사해, 하트 재생 효과가 끝나자마자 이어서 재생되게 해보겠습니다. Alt 를 누른 채로 V6 트랙의 [00;00;01;28]으로 드래그합니다.

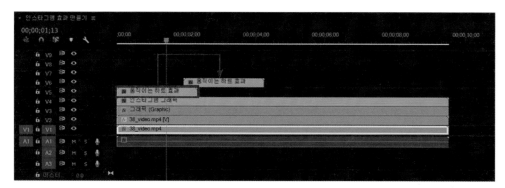

40 V5 트랙과 V6 트랙의 [움직이는 하트 효과] 클립을 모두 선택하여 Alt 를 누른 채 V7 트랙의 하트 재생 효과가 끝나는 지점인 [00;00;03;26]으로 드래그하여 복사합니다.

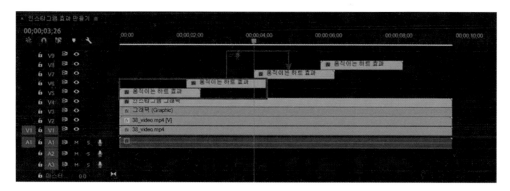

41 V8 트랙의 [움직이는 하트 효과] 클립을 선택하여 Alt 를 누른 채로 V9 트랙의 [00;00;07;06]으로 드래그하여 복사합니다. 영상이 끝나면서 움직이는 하트 효과도 함께 끝나게 됩니다.

SECTION

49 | 브랜드 로고 추가하기

광고 영상에는 제품을 홍보하는 회사명이나 브랜드 로고를 상단이나 하단에 넣습니다. 아주 간단하게
로고를 넣는 방법을 알아보겠습니다.

🎬 [예제 파일] – [PART 5] – [브랜드 로고 넣기.project]

01 [브랜드 로고 넣기.project]를 실행한 뒤 로고 이미지를 불러옵니다. [파일] - [가져오기], [예제 파일] -
[PART 5] - [Source] - [logo]를 선택하고 [열기]를 누르면 프로젝트 파일로 불러와집니다.

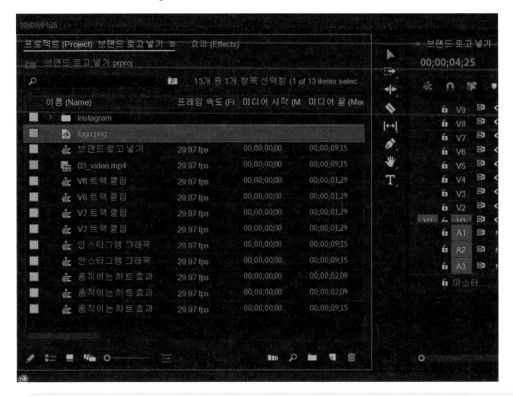

더 알아보기 영상 로고 이미지는 배경이 투명한 PNG 형식의 이미지를 사용하는 것이 좋습니다.

02 도구 패널에서 [펜 도구]를 길게 눌러 [타원 도구]를 선택한 뒤 프로그램 모니터 패널에 로고가 들어갈 영역을 드래그하여 만듭니다. V6 트랙에 생성된 [그래픽] 클립을 선택하여 영상이 끝나는 지점까지 늘립니다. Shift 를 누른 채로 도구를 그리면 정원형을 만들 수 있습니다.

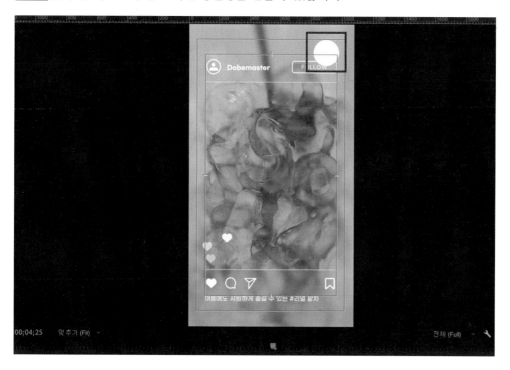

03 로고의 위치를 바꾸기 위해 V6 트랙의 [그래픽] 클립을 선택하고 [위치] : 575.0, 885.0으로 변경합니다. 생성된 원형의 크기에 맞게 적절한 위치 값을 설정하시면 됩니다.

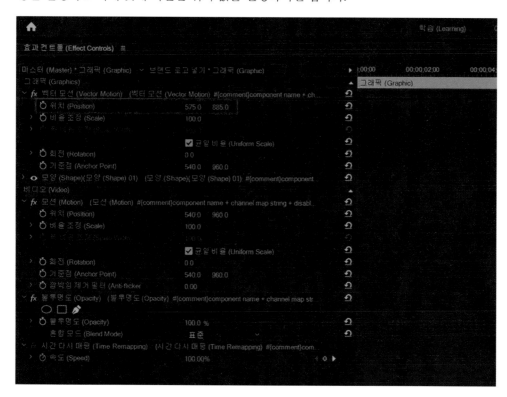

04 프로젝트 패널의 [logo] 소스를 V7 트랙으로 드래그합니다. 로고가 다른 효과에 덮이지 않도록 비디오 트랙 최상단에 위치시키고 영상이 끝나는 지점까지 클립 길이를 늘립니다.

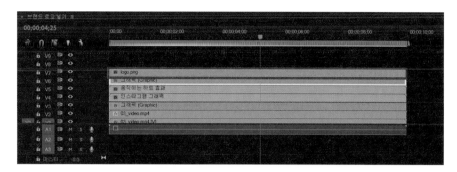

05 불러온 로고 이미지의 사이즈가 커서 조절이 필요합니다. V7 트랙의 [logo] 클립을 선택한 뒤 [모션] - [비율 조정] : 30.0으로 변경합니다.

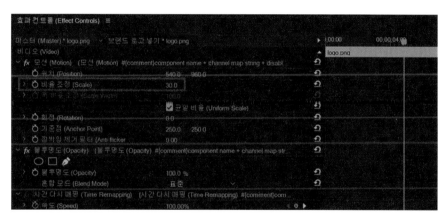

06 로고의 위치를 원형 도형이 생성된 위치로 이동시키면 완성입니다. [위치] 숫자 값을 드래그하여 로고 위치를 조절합니다.

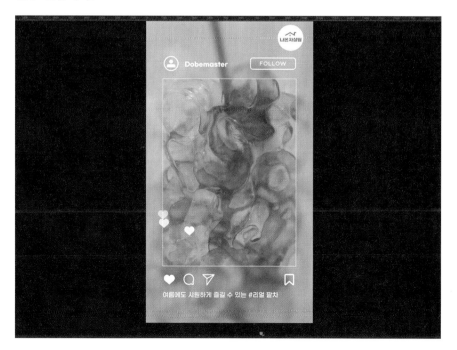

PART

6

광고 영상을
직접 올려보자

CHAPTER 1   영상의 출력과 업로드

CHAPTER **1**

영상의 출력과 업로드

완성한 광고 영상 편집을 영상으로 출력하는 방법과 대표적인 플랫폼인
인스타그램, 유튜브, 페이스북에 업로드하는 방법을 알아보겠습니다.

50 │ 영상 출력하기

SNS 광고 영상의 편집을 완료했다면, 이젠 SNS 광고를 진행할 채널에 업로드할 차례입니다. 프로젝트 파일을 그대로 올리는 것이 아니라, 각 플랫폼에 맞는 파일 포맷으로 출력해야 합니다.

🎬 [예제 파일] – [PART 6] – [완성된 영상 출력하기.project]

01 [완성된 영상 출력하기.project]를 실행합니다. 우선 영상을 출력하고 싶은 구간을 설정하고 진행하겠습니다. 타임라인 패널에서 시퀀스 이름 옆에 [작업 영역 막대] 메뉴를 선택합니다.

02 타임라인 패널에 생겨난 작업 영역 막대의 오른쪽 가장자리를 드래그하여 출력할 구간을 설정할 수 있습니다. [00;00;08;00]까지로 실징합니다.

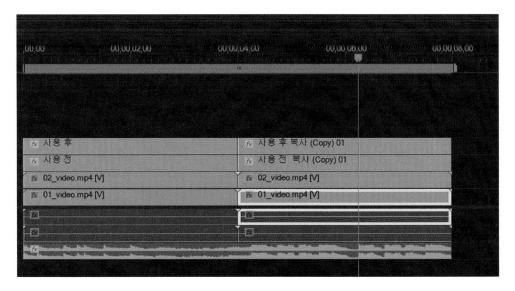

03 본격적으로 출력을 진행하겠습니다. [파일] - [내보내기] - [미디어]를 클릭합니다. 단축키는 Ctrl+M입니다.

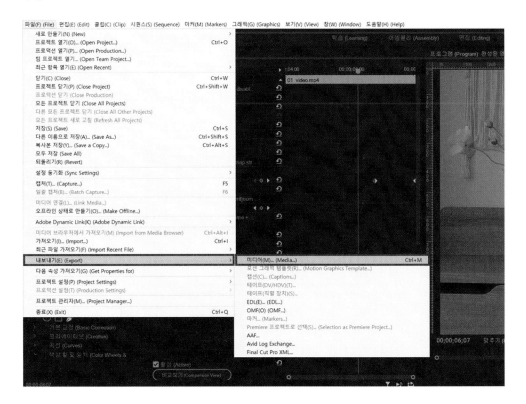

04 [내보내기 설정] 창이 나타납니다. 작업한 최종 결과물을 어떤 형식으로 내보낼지 설정합니다. [내보내기 설정] - [형식]에서 유튜브, 페이스북, 인스타그램에서 권장하는 [H.264] 포맷을 선택합니다.

05 [사전 설정]에서는 [형식]에 적합한 설정 값을 목록으로 보여줍니다. [소스 일치 - 높은 비트 전송률]을 선택합니다.

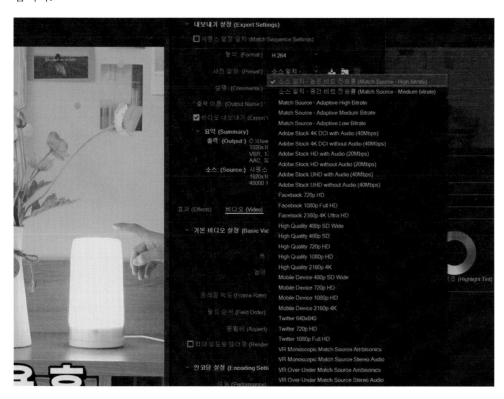

06 [출력 이름]을 선택해 영상을 저장할 경로 및 영상의 이름을 설정합니다. 원하는 경로를 선택한 뒤 파일 이름은 [비교 영상]이라고 입력하고 [저장]을 누릅니다.

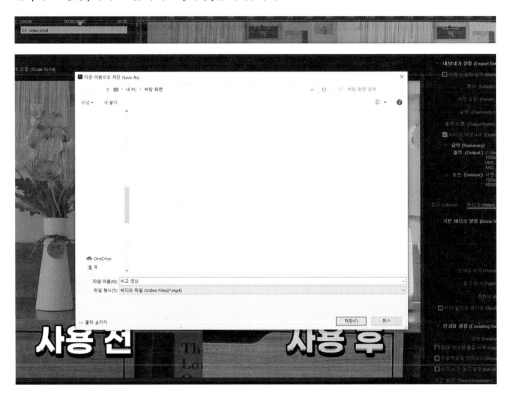

07 [비디오 내보내기], [오디오 내보내기]를 체크합니다. [요약]에는 영상을 어떻게 출력할 것인지 설정한 내용들이 표기됩니다.

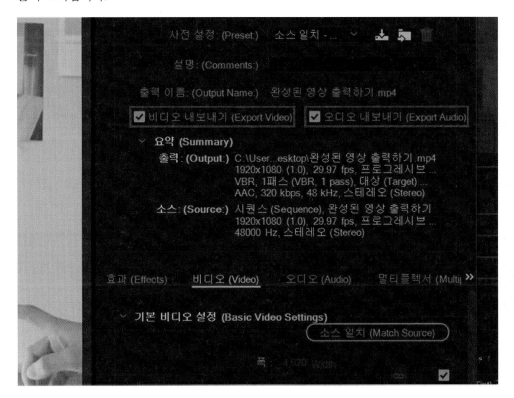

08 설정을 마치고 [내보내기]를 클릭하면 인코딩이 시작됩니다. 영상이 길고, 적용된 효과가 많을수록 인코딩 시간이 길어집니다.

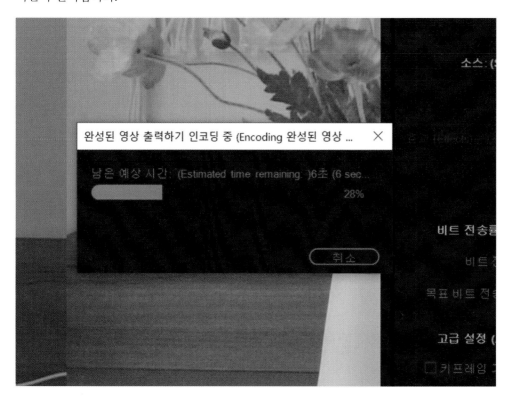

09 인코딩이 완료되어 [성공] 창이 나타나면 저장한 경로로 가서 출력된 영상이 이상 없이 출력되는지 확인한 뒤 원하는 사이트에 영상을 업로드 하시면 됩니다.

영상이 제대로 출력됐다면 SNS 업로드만 남았습니다. 플랫폼마다 업로드 방법이 다양하므로 대표적인 플랫폼별 업로드 방법을 알아보겠습니다.

1 유튜브 업로드

01 유튜브 로그인을 한 후 오른쪽 상단 카메라 모양의 [만들기]를 클릭하고 [동영상 업로드] 메뉴를 선택합니다.

02 [동영상 업로드] 창이 나타나면 [파일 선택]을 눌러 영상을 업로드합니다.

03 [세부정보]에서 제목과 설명을 작성합니다. 제작해둔 썸네일이 있다면 [미리보기 이미지]에 업로드하여 선택하고, 제작한 이미지가 없다면 유튜브에서 자체적으로 추출한 미리보기 이미지 중에서 선택합니다.

04 [재생목록]은 동영상을 카테고리화하는 기능입니다. 사전에 생성해두지 않았다면 넘어가셔도 됩니다. 추후에 설정할 수 있습니다. 이어서 [시청자층]에서 [아니요, 아동용이 아닙니다.]를 체크합니다.

05 [유료 프로모션]은 영상에 간접 광고, 스폰서십, 보증광고 등 제3자에게 대가를 받아 제작된 영상이라면 반드시 체크하고 업로드해야 합니다. 그런 경우가 아니라면 넘어갑니다.

06 [태그]는 검색어의 역할을 합니다. 태그 관련한 검색 시에 동영상이 노출될 수 있습니다. 사람들이 유튜브에서 검색할 단어를 넣으면 됩니다. 유튜브도 검색 기반이기 때문에 꼭 작성해주시는 것이 좋습니다. [녹화 날짜 및 위치], [라이선스 및 배포], [카테고리], [댓글 및 평가]는 원하는 대로 선택하시면 됩니다.

07 [동영상 요소]에서 [최종 화면 추가]와 [카드 추가]의 [추가]를 누르면 채널 구독 버튼, 동영상 추천 등을 설정할 수 있습니다. 해당 항목을 추가하고 싶지 않다면 바로 [다음]을 선택합니다.

08 [검사] 기능으로 저작권 문제가 있는지 체크한 후 이상이 없으면 [다음]을 누릅니다.

09 [공개 상태]에서 공개 시기와 공개 여부를 선택합니다. 여기서는 바로 업로드하기 위해 [공개] 부분을 체크하고 [게시]를 눌러 진행합니다.

1 피드 업로드

01 인스타그램 계정에 로그인한 뒤 오른쪽 하단 자신의 프로필을 선택하면 자신의 피드로 이동합니다. 인스타
그램 오른쪽 상단 중간의 [+] 아이콘을 선택한 후 [게시물]을 선택합니다.

02 [새 게시물] 영역이 나타나면 피드에 업로드할 영상을 선택한 후 [다음]을 누릅니다.

03 상단의 [소리] 아이콘의 활성화/비활성화로 동영상의 소리를 켜고 끌 수 있습니다. 하단의 [필터]를 누르면 인스타그램에서 제공하는 색 보정 기능을 영상 전체에 적용할 수 있습니다. 색 보정이 필요하지 않다면 [Normal]을 선택합니다.

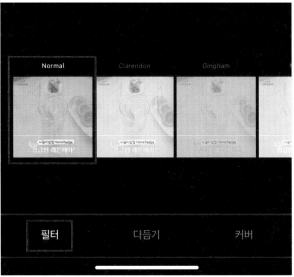

04 하단의 [다듬기] 메뉴를 선택하면, 영상의 길이를 조절할 수 있습니다. 가장자리를 손가락으로 꾹 클릭하여 드래그 하면 영상의 클립 길이를 조절할 수 있습니다.

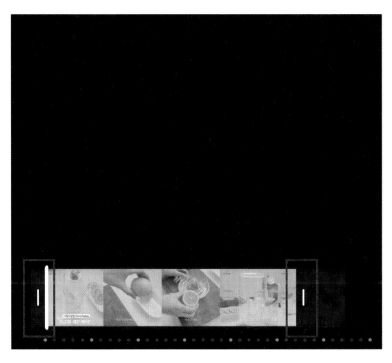

05 하단 [커버]를 선택하여 영상의 썸네일을 선택하면 됩니다. 선택한 후 [다음]을 클릭합니다.

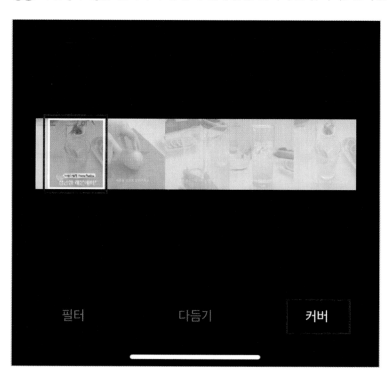

06 [영상에 들어갈 내용을 입력합니다] 부분에 홍보하고 싶은 내용을 작성 후 [공유]를 누르면 영상이 업로드됩니다.

2 스토리 업로드

01 인스타그램 계정에 로그인한 뒤 홈 왼쪽 상단의 [내 스토리] 프로필을 클릭합니다.

02 [새 게시물] 영역이 나타나면 피드에 업로드할 영상을 선택한 후 [다음]을 누릅니다.

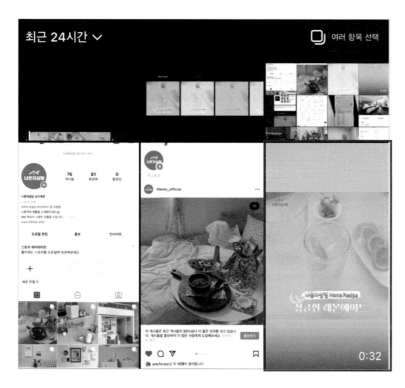

03 상단의 다양한 메뉴를 활용해 간단하게 효과를 더할 수 있습니다. 원하지 않는다면 우측 하단의 [받는 사람]을 클릭하고 [공유]를 누르면 끝입니다.

Facebook 업로드

01 Facebook 어플을 실행하면 나타나는 홈 피드에서 [무슨 생각을 하고 계신가요]를 클릭합니다.

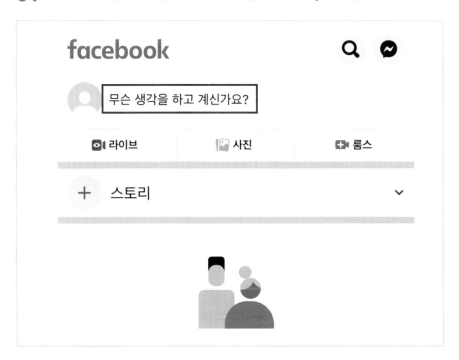

02 [게시물 만들기] 창에서 하단의 [사진/동영상]을 선택합니다.

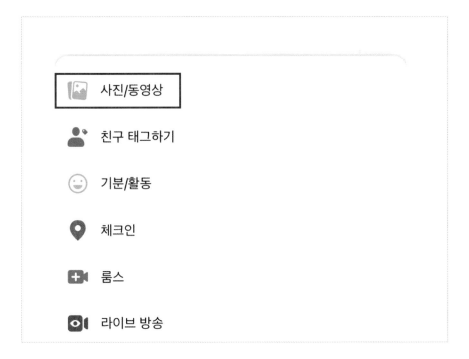

03 [카메라 롤]에서 업로드할 영상을 선택한 후 [완료]를 클릭하고, 함께 업로드할 내용을 입력합니다.

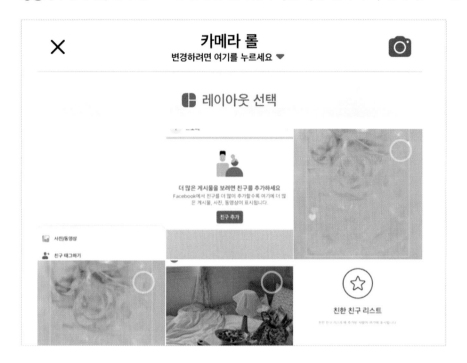

04 프로필 아이콘 옆 [친구만]을 클릭하여 영상의 공개 범위를 지정할 수 있습니다. 페이스북을 사용하는 모든 유저들에게 공개하려면 [전체 공개]를 선택 후 [완료]를 클릭합니다. 이어서 [게시]를 누르면 업로드됩니다.

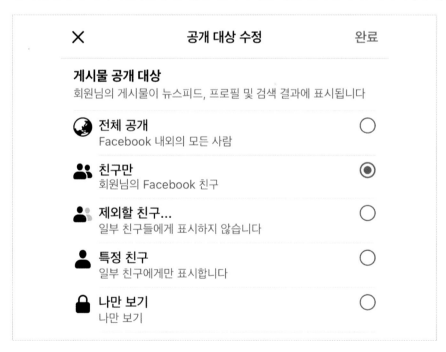

어도비 강의 유튜버 도비마스터의

SNS 광고 영상을 위한 프리미어 프로

기획부터 편집까지

1판 1쇄 발행 2021년 11월 25일

저　자 | 조수진
발 행 인 | 김길수
발 행 처 | ㈜영진닷컴
주　소 | (우)08507 서울 금천구 가산디지털1로 128
　　　　 STX-V타워 4층 401호
등　록 | 2007. 4. 27. 제16-4189호

©2021. (주)영진닷컴

ISBN | 978-89-314-6330-9

YoungJin.com Y.
영진닷컴

영진닷컴
프로그래밍 도서

영진닷컴에서 출간된 프로그래밍 분야의 다양한 도서들을 소개합니다.
파이썬, 인공지능, 알고리즘, 안드로이드 앱 제작, 개발 관련 도서 등 초보자를 위한 입문서부터
활용도 높은 고급서까지 독자 여러분께 도움이 될만한 다양한 분야, 난이도의 도서들이 있습니다.

플러터
프로젝트

시모네 알레산드리아 저
520쪽 | 30,000원

Node.js
디자인 패턴 바이블

Mario Casciaro,
Luciano Mammino 저 | 668쪽
32,000원

나쁜 프로그래밍
습관

칼 비쳐 저 | 256쪽
18,000원

다재다능
코틀린 프로그래밍

벤컷 수브라마니암 저/
우민식 역 | 488쪽
30,000원

유니티를 이용한
VR앱 개발

코노 노부히로, 마츠시마 히로키,
오오시마 타케나오 저 | 452쪽
32,000원

유니티를 몰라도 만들 수 있는
유니티 2D 게임 제작

Martin Erwig 저 | 336쪽
18,000원

돈 되는
안드로이드
앱 만들기

조상철 저 | 512쪽 | 29,000원

친절한 R with
스포츠 데이터

황규인 저 | 416쪽
26,000원

게임으로 배우는
파이썬

다나카 겐이치로 저 | 288쪽
17,000원

바닥부터 배우는
강화 학습

노승은 저 | 304쪽
22,000원

도커 실전 가이드

사쿠라이 요이치로,
무라사키 다이스케 저
352쪽 | 24,000원

단숨에 배우는
타입스크립트

야코프 페인, 안톤 모이세예프 저/
이수진 역 | 536쪽 | 32,000원

영진닷컴 단행본 도서

영진닷컴에서는 눈과 입이 즐거워지는 요리 분야의 도서,
평범한 일상에 소소한 행복을 주는 취미 분야의 도서,
감각적이고 트렌디한 예술 분야의 도서를 출간하고 있습니다.

> 요리 <

홈메이드
과일 샌드위치

나가타 유이 | 16,000원 | 196쪽

치즈메이커

모건 맥클리 | 24,000원
224쪽

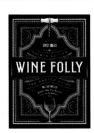

와인 폴리
: 매그넘 에디션

Madeline Puckette, Justin Hammack
30,000원 | 320쪽

맥주 스타일 사전
2nd Edition

김만제 | 25,000원
456쪽

> 취미 <

기분이 좋아지는
오늘의 입욕제

소크아트 | 16,000원 | 208쪽

손흥민
월드와이드 팬북

에이드리안 베슬리 | 12,000원
64쪽

라탄으로 만드는
감성 소품

김수현 | 17,000원
268쪽

사부작 사부작
에뚜알의 핸드메이드

에뚜알 | 13,000원
144쪽

> 예술 <

러블리 소녀 컬러링북
with 비비노스

비비노스 | 15,000원 | 152쪽

수수한 아이패드
드로잉

수수진 | 17,000원 | 192쪽

그림 속 여자가
말하다

이정아 | 17,000원
344쪽

예술가들이 사랑한
컬러의 역사
CHROMATOPIA

데이비드 콜즈 | 23,000원
240쪽

영진닷컴 '그리다' 시리즈

그리고 싶지만 잘 그리지 못하는 사람도, 잘 그리고 싶지만 센스가 없는 사람도,
이제 자신 있게 도전해 보세요.
영진닷컴이 제안하는 '그리다' 시리즈가 재미있게 알려줍니다.

애니메이션 캐릭터
작화 기술

무로이 야스오 저 | 20,000원
160쪽

최고의 그림을
그리는 방법

무로이 야스오 저 | 16,000원
224쪽

CLIP STUDIO PAINT,
캐릭터를 살리는
배경 그리기 노하우

요-시미즈 저 | 22,000원 | 208쪽

일러스트와 만화를 위한
구도 노하우

마츠오카 신지 저 | 17,000원
144쪽

선 하나로 시작하는
느낌 있는 그림 그리기

OCHABI Institut 저 | 16,000원
176쪽

연필 한 자루로 시작하는
느낌 있는 인물 그리기

OCHABI Institut 저 | 16,000원
176쪽

mignon이 알려주는
피부 채색의 비결

mignon 저 | 17,000원
148쪽